# Família, Família, Negócios à Parte

## Transformando ideias e hábitos mentais em algo útil

Abner Mesquita
Tibério Praxar

**Editora dos Editores**

Família, família, negócios à parte : transformando ideias e hábitos mentais em algo útil
MESQUITA A., PRAXAR T.

Produção editorial: Equipe Editora dos Editores

Revisão: Equipe Editora dos Editores

Diagramação: Equipe Editora dos Editores

Capa: Equipe Editora dos Editores

**ISBN:** 978-85-85162-29-0

Editora dos Editores

São Paulo:    Rua Marquês de Itu, 408 - sala 104 – Centro.
(11) 2538-3117

Rio de Janeiro:    Rua Visconde de Pirajá, 547 - sala 1121 – Ipanema.
www.editoradoseditores.com.br

Impresso no Brasil
Printed in Brazil
1ª impressão – 2019

Dados Internacionais de Catalogação na Publicação (CIP)
Angélica Ilacqua CRB-8/7057

---

Mesquita, Abner
    Família, família, negócios à parte : transformando ideias e hábitos mentais em algo útil / Abner Mesquita, Tibério Praxar. -- São Paulo : Editora dos Editores, 2019.
    124 p.

ISBN 978-85-85162-29-0

1. Empresas familiares 2. Administração de empresas - Empresas familiares I. Título II. Praxar, Tibério

CDU 658.041

19-1510

---

Índices para catálogo sistemático:
1. Empresas familiares 658.041

Abner Mesquita

Tibério Praxar

# Família, Família, Negócios à Parte

## Transformando ideias e hábitos mentais em algo útil

Editora dos
*Editores*

São Paulo
2019

# Prefácio

Alguns leitores devem estar pensando que o tema em questão é desnecessário e banal. Pois foi o que a maior parte dos empresários que faliram acreditava, bem como aqueles que estão passando por dificuldades financeiras e não sabem como sair a não ser realizando o fechamento *NO NEGÓCIO* e ainda não o fizeram pela tradição do nome da família perante a sociedade.

A resistência da tradição familiar, que dá nome a este livro e é aprofundada no capítulo 1, é entendida aqui como característica cultural. Além disso, constata-se a pré-resistência à leitura específica do tema Empresa Familiar por parte dos empresários, *stakeholders* (partes interessadas), do próprio mercado editorial e, por conseguinte, dos estudantes, o que demonstra como é grande a dificuldade de tratar desta temática.

No sentido contrário ao conjunto de resistências mencionado, a internacionalização da economia associada com a rápida difusão da tecnologia causou uma mudança grande num espaço de tempo muito curto, refletindo seus efeitos até nas empresas ditas profissionais, e muitas não suportaram e fecharam. Nas empresas em fase de profissionalização e nas familiares, os impactos desses efeitos foram abruptos, fazendo com que alguns membros da família saíssem e se empregassem em outra empresa para tentar manter alguma renda, apostando que essa fase acabaria e então retornariam ao úbere da Empresa Familiar. Outros optaram pelo concurso público para ter estabilidade no emprego e renda/salário "certo". Percebe-se, nesse fenômeno, um ponto positivo, que trouxe à tona a discussão entre os membros da Empresa Familiar sobre a necessidade da competência para a gestão *NO NEGÓCIO*: ainda que não soubessem o que fazer econômico-financeiramente, sabiam que não era mais possível permanecer no *AMADORISMO*.

Durante a turbulência mundial econômico-financeira, as empresas que se apresentaram mais estruturadas *NO NEGÓCIO* aproveitaram para aumentar seu patrimônio mediante aquisição, fusão ou incorporação de empresas concorrentes, ampliando consequentemente sua *Market Share* (participação no mercado). Por outro lado, verificou-se uma quantidade grande, nunca documentada, de falências, insolvências e concordatas. De janeiro a novembro de 2011, 1.617 pedidos de falência foram requeridos e 603 falências foram decretadas segundo SERASA (2011). Essa quantidade não foi maior devido aos critérios estabelecidos na Lei N° 11.101 (Lei de Falência), de 9 de fevereiro de 2005.

Aproveitando a "efervescência" desse fenômeno, surgiram vários comentários de leigos e especialistas, porém, em sua grande maioria, voltados à superficialidade, sem a visão holística, e muitos sem qualquer base teórica, ou melhor, empírica (aprender por tentativas e erros), e por que não dizer no "achismo" (achar + ismo = sem conhecimento). O que chama a atenção é que, dentre esses comentaristas, inúmeros são aproveitadores do momento, causando situações financeiras até adversas às empresas que os contrataram. Em algumas, o processo de declínio foi acelerado; para empresas que apresentavam situações financeiras delicadas, mas com grande possibilidade de recuperação, foi recomendada a alienação e até o fechamento.

O mercado de Empresas Familiares é caracterizado por uma grande resistência às mudanças por parte do gestor que é membro da família e muito maior por parte do fundador. Essas mudanças são exigidas pelo mercado consumidor e pela cadeia de valor. Muitos são os elementos essenciais para a permanência no mercado.

Recentemente o mundo vivenciou a mudança de uma instituição tradicional ortodoxa (rígida em suas convicções). Ao analisar pelo prisma da teoria estratégia empresarial, a sucessão do líder da religião católica objetivou mudança da forma, não da essência de conduzir seus adeptos. E se fizermos uma analogia com as teorias estratégicas utilizadas no mercado administrativo-econômico-financeiro, expurgados os efeitos religiosos e culturais, sem a presunção de julgar e muito menos de denegrir a imagem da religião católica, depara-se com uma mudança para atender a realidade do cenário cultural-moral existente e da redução acentuada da quantidade de adeptos da religião católica frente ao crescente aumento da quantidade de adeptos das demais religiões e seitas.

Em conversa com empresários familiares nas regiões Nordeste e Norte, verificou-se que estão totalmente perdidos e sem rumo, apostando na quebradeira de seu concorrente ou responsabilizando o governo e esperando dele a solução.

Motivaram este estudo as inúmeras e diversificadas barreiras existentes no seu *lato sensu*, associadas à quebra de um dos maiores paradigmas existentes, que é a administração patriarcal, além das solicitações de Empresários Familiares aos quais prestamos consultorias ao longo de 22 anos de experiência no Nordeste e Norte do Brasil, e a demanda dos estudantes por uma literatura com uma linguagem simples e objetiva acerca deste tema, uma vez que a grande maioria dos estudantes sonha em ser proprietária. Eles sabem que iniciar um negócio é ser audacioso. Também sabem que, quanto maior for o campo de domínio *DO NEGÓCIO e NO NEGÓCIO*, menor será o risco do fracasso.

Por tudo isso, o desafio deste estudo é proporcionar uma discussão avançada, equilibrada entre a base conceitual teórica e a experiência prática vivenciada nas consultorias, contribuindo significativamente não apenas para o mundo acadêmico, mas principalmente para as Empresas Familiares que se deparam com um cenário econômico-financeiro exigente da competência *SABER DECIDIR* como vantagem competitiva.

O livro é composto de sete capítulos que apresentam uma sugestão pluridisciplinar *NO NEGÓCIO* familiar. Os capítulos foram elaborados para possibilitar a leitura isolada sem perder a essência. Cada capítulo encontra-se constituído de três etapas: teoria científica, prática expressa através de *case* (que não deixa de ser uma pesquisa de campo) e a confirmação das argumentações práticas (*cases*) por meio da pesquisa que objetiva corroborar os *cases* analisados durante as consultorias efetuadas. A metodologia empregada foi o questionário de múltipla escolha e a amostra foi selecionada por meio do critério não probabilístico denominado amostra por conveniência ou acessibilidade (o pesquisador seleciona membros da população mais acessíveis). A amostra resultou em 100 alunos do 4º grau de escolaridade (pós--graduação), que possuíam o seguinte perfil: 3% de gerentes de empresa de grande porte; 5% de gerentes de empresa de médio porte; 10% de gerentes de empresa de pequeno porte; 10% de proprietários de empresa familiar; 48% de cargos imediatamente abaixo do nível de gerência (supervisor, coordenador, encarregado de setor) e 24% de estudantes. Denominamos esse tópico de percepção do mercado. Ao término de cada capítulo sugerimos alguns questionamentos pragmáticos com o intuito de reforçar a leitura realizada e instalar uma reflexão, confrontando os aspectos teóricos abordados com a prática vivenciada.

O livro não tem a presunção de esgotar todos os assuntos acerca da Empresa Familiar ora abordados, mas, sim, de ser um referencial de formação de opinião, de reflexão da essência da ciência administrativa, em especial na gestão direcionada à aplicabilidade da competência, habilidade e pragmatismo, este último sendo entendido como o poder de transformar ideias ou hábitos mentais em aspectos úteis.

# Sinopse

*Família, Família, Negócios à parte* – apresenta uma das primeiras visões práticas de negócios da família como uma forma organizacional *mater*, focada no óbvio e acreditando no amadurecimento profissional das famílias e das suas empresas. Os professores Abner Dantas de Mesquita Júnior e Tibério Praxar Gouveia Lopes apresentam a dinâmica organizacional das empresas familiares frente ao mercado muito competitivo pós *e-commerce* (comércio eletrônico). O livro traz, a cada capítulo, *cases* vivenciados nas consultorias em conjunto com a pesquisa de campo denominada de percepção do mercado, além de questionamentos reflexivos do dia a dia e recomendações de literaturas complementares. É composto de sete capítulos que apresentam uma visão pluridisciplinar do negócio familiar. E, finalmente, nas considerações finais, os autores estão cientes de que este estudo não exaure o conhecimento acerca do tema, mas possuem a expectativa de que os leitores reflitam sobre o futuro e sobre a perenidade de vossas organizações.

# Agradecimentos

Beneficiando-se da etimologia da palavra *AGRADECIMENTO*, originária do latim *GRATIAS*, em conjunto com a origem da palavra *JUDAÍSMO* que é *GRAÇA*, a qual é considerada uma dádiva natural e sobrenatural concedida por Deus à humanidade. Dessa argumentação, conclui-se que *GRAÇA* é um benefício imerecido ao Homem, mas é fruto da misericórdia e do amor de Deus.

Sou muito *GRATO* (*admodum gratus*) à minha mãe Ivete Alves de Mesquita, que sempre me incentivou e apoiou nos estudos, mesmo em detrimento das suas necessidades, em alguns momentos se sacrificando por mim. Em memória (*in memoriam*), sou *GRATO* (*admodum gratus*) ao meu pai Abner Dantas de Mesquita, por minha formação moral que complementou a dedicação de minha mãe. Não poderia deixar de externar o quanto sou *GRATO* (*admodum gratus*) às minhas irmãs Joana D'arc Dantas de Mesquita e Maria José Dantas Mesquita de Amorim pelo apoio incondicional na minha educação.

Em especial (*peculiaris*), também sou *GRATO* (*admodum gratus*) à minha esposa Alessandra Lany da Silva Mesquita e ao meu filho Abner Dantas de Mesquita Neto, pelo entendimento e pela compreensão nos momentos destinados aos estudos. Ambos sempre dedicaram uma afeição (*affectione*) por meus estudos e por este livro. Era uma questão de honra concluí-lo.

Não poderia deixar de explicitar o quanto sou *GRATO* em participar em conjunto neste livro com o professor Tibério Praxar. Estendo a todos aqueles que direta ou indiretamente contribuíram para a realização deste estudo.

*Abner Dantas de Mesquita Júnior*

Reconheço total *GRATIDÃO* (*gratitudinis*) à pessoa mais especial da minha vida, Florise Gouveia Lopes, minha mãe, pelo incessante esforço dedicado à minha formação educacional e moral. Pelo mesmo motivo, ainda que em memória (*in memoriam*), tenho *GRATIDÃO* ao Rosalvo Santos Gouveia, meu avô. Que desempenhou com imensa competência a função de pai.

Também é reconhecida minha *GRATIDÃO*, pelo apoio incondicional, aos meus filhos Thais Praxar Farias Lopes e Theo Praxar Farias Lopes, que são os grandes amores da minha vida, e a meu irmão Roberto Gouveia Lopes, por todos os ensinamentos.

Não podendo deixar de agradecer e reverenciar ao mestre e amigo Abner Dantas de Mesquita Júnior pela oportunidade do desenvolvimento de mais um projeto juntos.

*Tibério Praxar*

*Gratitudo est ad Deum, in gradecer est hominibus*
(Gratidão é para os Deuses, agradecer é para os humanos)
*Abner Mesquita e Tibério Praxar*

# Sumário

# Empresa
# Familiar

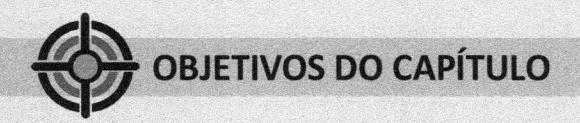

## OBJETIVOS DO CAPÍTULO

a. Conceito de Empresa Familiar.
b. As características principais da Empresa Familiar.
c. A importância da Empresa Familiar na economia nacional e mundial.
d. A gestão da Empresa Familiar.

## ■ CONCEITO

O ponto de partida é conceituar o que é uma Empresa Familiar. Para tanto, faz-se necessário recorrer a diversos autores. Todavia, este estudo comunga com o conceito abordado por Donnelley (1976), que considera a essência da Empresa Familiar pautada em 4 (quatro) fatores:

• Na origem familiar;

• Na história da família;

• No vínculo familiar; e

• Na manutenção dos membros da família na administração.

Nos estudos de Prates (1996, p. 26), o conceito da Empresa Familiar é marcado pela abordagem da estrutura organizacional da Empresa Familiar, caracterizando-a como um sistema composto de quatro subsistemas:

> *"O institucional, o pessoal, o dos líderes e o dos liderados. Os institucionais estão relacionados com os traços culturais que encontramos no espaço da 'rua', enquanto os traços típicos do espaço da 'casa' compõem o subsistema pessoal. O subsistema dos líderes faz um corte, reunindo traços encontrados naqueles que detêm o poder, enquanto o subsistema dos liderados abrange os aspectos culturais mais próximos daqueles subordinados ao poder."*

Ainda nesse autor, é explícita a preocupação do valor do patriarca, muitas vezes do fundador e idealizador da Empresa Familiar, sobre os demais membros da família além dos limites da casa. Prates (1996) afirma que:

> *"O patriarcalismo, a face supridora e afetiva do pai, atendendo ao que dele esperam os membros do clã, e o patrimonialismo, a face hierárquica e absoluta, impondo com a tradicional aceitação sua vontade a seus membros."*

A Empresa Familiar surge mais concretamente após a passagem da família matriarcal para a patriarcal, quando se observa a formação de grandes famílias, compostas por indivíduos pertencentes a várias gerações convivendo juntos. A sociedade estabeleceu ao longo do tempo o padrão no qual o "patriarca" era o responsável financeiro pelos demais membros, e estes últimos, até inconscientemente, criam um vínculo de dependência e subordinação que ultrapassa os limites familiares, extrapolando a organização familiar.

O conceito de Empresa Familiar de Prates (1996) é ratificado em Floriani (2002, p. 37), destacando e priorizando o nome da família como atributo determinante.

> *"O nome da família surge quando, em épocas mais remotas e primitivas, representava a atividade do chefe principal da mesma e, por decorrência, de todos os seus componentes, notadamente os do sexo masculino que acabavam por suceder mais cedo ou mais tarde o progenitor, deste herdando as habilidades."*

É notório o papel do nome da família em Floriani (2002), como elemento básico (lastro), constantemente encontrado na prática:

- Fornecedores e instituições financeiras = como garantia (lastro);
- Clientes = como qualidade e entrega (confiança);
- Funcionários = como estabilidade e certeza de recebimento dos salários e recolhimentos dos encargos sociais.

Essa utilização permanece com menor intensidade nos subúrbios das capitais e em alguns municípios (interior dos estados do Nordeste e Norte).

Já para o SEBRAE (2012), o conceito de Empresa Familiar é marcado pela administração da família:

> *"Empresas familiares são empreendimentos geridos por uma ou mais famílias e onde a sucessão do poder decisório é hereditária."*

O conceito de Empresa Familiar não está atrelado ao patriarca, mas ao responsável por prover financeiramente a família. Logo, o comando pode ser exercido por qualquer membro da família.

## ■ CARACTERÍSTICAS

Este tópico apresenta algumas das características inerentes à Empresa Familiar que foram observadas ao longo das consultorias, as quais possuem interferência direta na gestão *NO NEGÓCIO*, por conseguinte, são objeto de estudo dos demais capítulos:

- Centralização da decisão no fundador ou no funcionário mais antigo;
- A situação (grau de parentesco) do membro da família determina a posição do parente no organograma da empresa;
- Protecionismo familiar;
- Influências culturais.

## Centralização da decisão no fundador ou no funcionário mais antigo

Muitas das operações das empresas familiares são prejudicadas pela intempestividade da decisão. A empresa perde muitas oportunidades, algumas vezes de ganhar faturamento ou de deixar de gastar algo como multa, juros de mora, receber um desconto caso comprasse naquele momento, etc.

A centralização é entendida como a falta de confiança nos funcionários, e o âmago dessa desconfiança reside em não acreditar na eficácia dos controles internos.

> *"Os fundadores pensam e têm como ideia uma sombra que os persegue: que TODOS estão prestes a roubá-los ou já lhes estão roubando." (Os autores)*

Outras assertivas dos empresários familiares vivenciadas nas consultorias:

> *"Centralizo para ter conhecimento de tudo que se passa na empresa." (Os autores)*
> *"É uma forma de intimidar os funcionários e demonstrar que tenho controle de tudo." (Os autores)*

Todas as justificativas apresentadas para defender a centralização só controlam o que o funcionário quer que o centralizador tenha ciência. Muitos dos funcionários até preferem que o centralizador permaneça assoberbado de tarefas, pois só assim não terá tempo para identificar a real situação das operações da empresa. Para dirimir qualquer dúvida, em seguida apresentam-se os 2 (dois) exemplos do coloquial ocorrido numa Empresa Familiar.

## *Case* 01

O gerente financeiro encaminha a documentação dos orçamentos, pedido de compras devidamente aprovados anteriormente e a respectiva nota fiscal para a aprovação do pagamento do centralizador, que confere e aprova. Contudo, ele jamais tem certeza de que aquele produto/mercadoria ou serviço chegou ou foi prestado de acordo com a descrição constante na nota fiscal faturada.

## *Case* 02

Em um hospital pertencente a uma família, para que entendamos o grau de centralização, a frase mais escutada foi: "Para você ter uma ideia, ele é o primeiro a chegar e o último a sair e não sai uma agulha que custa aproximadamente R$ 0,25 (vinte e cinco centavos) sem a autorização dele". Passados alguns meses, necessitei ser atendido nesse hospital, que era credenciado ao meu plano de saúde. A atendente autorizou que 3 (três) pacientes fossem atendidos pelo médico sem solicitar a contra-partida dos serviços prestados, quer seja por meio de plano de saúde, quer seja me-diante dinheiro de plástico (cartão de crédito ou de débito), e muito menos dinheiro ou cheque. Esse é um dos "procedimentos" que geram fuga de faturamento (receita) sem a ciência do centralizador. Esse fato ocorreu num espaço de tempo de aproxi-madamente 40 minutos. Portanto, admitindo-se um simples cálculo, utilizando-se de um método matemático denominado regra de três e partindo do pressuposto que o atendimento ao público desse serviço seja de 8 (oito) horas por dia, durante os 30 (trinta) dias do mês, em 1 (um) mês o hospital atendeu sem receber 1.080 (mil e oi-tenta) pacientes. Admitindo que o valor unitário da consulta seja R$ 40,00 (quarenta reais), a evasão de faturamento bruto (receita bruta) foi de R$ 43.200,00 (quarenta e três mil e duzentos reais) ao mês e R$ 518.400,00 (quinhentos e dezoito mil e quatrocentos reais) ao ano. O valor de R$ 43.200,00 dá para pagar o salário de 60 (sessenta) funcionários que recebem o salário mínimo R$ 724,00 (setecentos e vinte e quatro reais).

É, caro leitores, este estudo não é apenas acadêmico. Para tanto, entende-se que a perda é mais abrangente e não se resume aos R$ 43.200,00, equivalentes ao salário de 60 funcionários, mas também é composta:

1. Pelo tempo gasto e pago ao médico pelo hospital, pelo serviço prestado;
2. Pelo serviço prestado pelo atendente e pago pelo hospital;
3. Pela depreciação incorrida da infraestrutura inerente ao serviço prestado;
4. Pela energia elétrica gasta e inerente ao serviço prestado;
5. Pela perda de deixar de atender outro cliente porque o médico está ocupado com o paciente que não gera faturamento bruto;
6. Por último, pela perda de oportunidade de remunerar o dinheiro no tempo (aplicação financeira).

Esse assunto será desmistificado nos demais capítulos, uma vez que é inerente ao próprio resultado operacional da empresa.

Outro aspecto polêmico que a centralização traz em seu âmago é o desrespeito ao poder hierárquico dos gerentes e a geração de **gastos invisíveis**. No que se refere ao desrespeito aos gerentes, reside em excluir deles o poder de decisão para a maior parte das operações:

- Admitir;
- Demitir;

- Conceder desconto;

- Comprar;

- Realizar pagamentos, entre outros.

Conclui-se, portanto, que os gerentes são equiparados aos demais funcionários; apenas o que os diferencia é o salário, pois não cumprem as características mínimas estabelecidas na Consolidação das Leis do Trabalho – CLT, em seu artigo 62. Apesar de o texto ser original, o grifo e o negrito no texto são de responsabilidade dos autores desta obra, objetivando ressaltar a importância das palavras:

> *"Cabe salientar que não basta o rótulo de gerente ou diretor, sendo o contrato de trabalho um contrato de realidade, vai prevalecer o real tratamento conferido a este empregado e a análise de alguns requisitos como, por exemplo, se ele **possui autonomia**, poder de ingerência administrativa, se não está sujeito a controle de horário, ocupa posição hierarquicamente superior aos demais em seu departamento ou estabelecimento, bem como **possui padrão salarial superior a seus subordinados**, entre outros, que devem ser analisados caso a caso." CLT (2013)*

No que se refere à geração de **gastos invisíveis**, o ato de centralizar por si só já estabelece um clima propício à geração dos **gastos invisíveis**, que são todos os gastos originários da má gestão *DO NEGÓCIO*. Para melhor ilustrar, a seguir apresentam-se 3 (três) casos práticos que podem ser extrapolados para vários outros, utilizando-se da essência desse conceito.

## Case 01

A reunião é feita  nos horários de aprovações de pagamentos, quer seja por meio de assinatura tradicional, quer seja automática (no sistema), dos documentos de pagamentos. Enquanto o responsável pela autorização se encontra- na reunião, TODOS os demais funcionários que operacionalizam a etapa seguinte do processo de pagamento ficam *OCIOSOS*. Entende-se por *OCIOSIDADE* o hiato de ter a capacidade de produzir plenamente mas, por um fator externo independente da vontade do funcionário, essa capacidade de produzir é reduzida, tendendo a zero. Ao não produzir em plena capacidade, o funcionário terá que trabalhar horas excedentes, denominadas horas extras, para cumprir a produção diária preestabelecida. Essas horas extras são entendidas como os **gastos invisíveis**, que muitas vezes consomem o resultado operacional. As frases que mais se ouvem diretamente relacionadas a esse fato são:

> *"Nesse mês as vendas (faturamento bruto) foram maiores, mas o resultado operacional foi menor que o mês anterior em que as vendas foram menores... Esses números da contabilidade estão errados."*
> *(Os autores)*

Fazendo uma analogia, é como deixar um veículo parado (sem movimento) ligado, consequentemente consumindo combustível, e ao reabastecê-lo, comentar "Percorri menos quilometragem e gastei mais combustível... Acredito que este posto de combustível está mensurando errado".

## Case 02

Reuniões com a convocação de funcionários desnecessários, acarretando **gastos invisíveis** para estes e, consequentemente, para a empresa.

## Case 03

Reuniões inconclusivas que necessitam de outra reunião para concluir, gerando **gastos invisíveis** em duplicidade.

Apesar de não ter relação com a centralização, mas, sim, com o conceito de **gastos invisíveis**, a seguir destaco um exemplo clássico:

Percebeu-se que as entregas de mercadorias/produtos sempre recebiam reclamações de atrasos, e este era o setor que mais horas extras fazia. Identificou-se que os romaneios (relatórios que facilitam a localização no estoque ou armazém dos itens faturados) eram impressos no dia da realização da entrega, às 8 horas (início da jornada de trabalho); por conseguinte, a separação das mercadorias/produtos ocorria após esse horário e, por último, o veículo era carregado. No período de tempo entre a geração do romaneio (8 h) e o carregamento completo do veículo (9:30 h), os funcionários responsáveis pela entrega das mercadorias/produtos, 1 (um) motorista e 2 (dois) auxiliares de entrega, ficavam OCIOSOS. Ao sair às 9:30 h, os funcionários responsáveis pela entrega de mercadorias/produtos, para concluir suas entregas diárias, excediam 2 (duas) horas. Entendendo que a empresa em questão possui uma jornada de trabalho de 26 (vinte e seis) dias/mês, são realizadas 156 (cento e cinquenta e seis) horas extra/mês, o que corresponde a 71% do total de horas da jornada de trabalho (220 h/mês). Admitindo que a jornada de trabalho diária seja de 8 (oito) horas, as horas excedentes equivalem ao trabalho de 1 (um) funcionário durante 19 (dezenove) dias.

Espera-se, sem contratar novos funcionários, que 1 (uma) hora antes do término de cada expediente, o romaneio, a separação das mercadorias/produtos e o carregamento do veículo para o dia seguinte estejam concluídos. A redução foi de 100% das horas extras na segunda-feira e no sábado e, nos demais dias, apenas a ocorrência de 1 (uma) hora extra.

Diante do que foi exposto, conclui-se, portanto, que a centralização deve ser realizada quando a empresa é iniciada sem planejamento/controle ou quando não há confiança nos controles internos. Caso contrário, deve existir: planejamento, controle, delegação e supervisão.

## A situação (grau de parentesco) do membro da família determina a posição do parente na empresa

Geralmente o processo de seleção para exercer os cargos maiores na hierarquia do organograma da Empresa Familiar é a posição do grau de parentesco do candidato na árvore genealógica. Em geral, assumem a gestão dos setores financeiros, produção, compras, logística, vendas, entre os outros setores, considerados estratégicos e que dão *status*.

É fato comum os funcionários testarem a incompetência para estar no cargo, assim como um aluno nos primeiros dias de aula faz perguntas ao professor, das quais ele já tem a resposta. Identifica-se que os funcionários, ao certificarem a incompetência desse membro da família para o cargo, manipulam, a todo custo, para tirar proveito da situação:

I.   Muitos intimidam, mas deixam claro que ajudarão se tiver algo em troca;

II.  Utilizam-se da fraqueza (falta de domínio) para desviar ativo da empresa em prol deles.

## Na hipótese I

É comum verificar que, em lugar de realizar todo o trabalho e a decisão que o incompetente deveria assumir, eles intimidam exigindo aos poucos:

a.  Salários diferenciados e fora do procedimento de cargos e salários;

b.  Não cumprem com o procedimento de registro de ponto e nem cumprem os horários preestabelecidos para a função;

c.  Não utilizam de fardamentos pré-exigidos para a função;

d.  Almoçam no refeitório dos gerentes sem o sê-lo;

e. Frequentam a casa e ambientes particulares dos proprietários;

f. Etc.

## Na hipótese II

O entendimento desta hipótese é de que a incompetência para exercer a função de gestão cria o que é denominado neste livro de **Falta de Controle Invisível**, a qual será abordada com maior destaque no Capítulo 6 e mais aprofundada no livro *Auditoria dos Controles Internos, com Foco no Resultado Operacional*, dos autores deste livro.

## Protecionismo Familiar

O protecionismo familiar será abordado como sendo uma particularidade da empresa familiar mal administrada. Divide-se em 2 (duas) fases:

I. Proteção incondicional ou explícita; e

II. Proteção aos familiares improdutivos.

O protecionismo familiar bem administrado deve existir, conforme abordado no Capítulo 7, que foi denominado "Blindagem".

Entretanto, foram constatadas ao longo das consultorias várias frases ditas nos corredores das Empresas Familiares:

> *"Os procedimentos/regras só funcionam para os demais funcioná-rios que não são da família." (Os autores)*

Ainda que seja entendido como protecionismo, é percebido pelos funcionários como um exemplo de ingerência e, dessa forma, criam-se os maus exemplos e a origem de uma das causas da **Falta de Controle Invisível**:

> *"Se ele que é o gerente/diretor não cumpre, por que eu tenho que cumprir?" (Os autores)*
> *"O erro do familiar na empresa não tem punição, apenas informa-se verbalmente para ter mais cuidado." (Os autores)*

É comum esse fato ocorrer nas empresas profissionais pelo prisma do grau de afinidade entre o gestor e o subordinado. Porém, é muito mais difícil a existência do protecionismo daqueles funcionários improdutivos.

A característica marcante ou essencial do protecionismo improdutivo pode ser explicitada na frase:

*"A permanência na empresa de familiares IMPRODUTIVOS é para não ficar em casa sem ter o que fazer... E só assim eu justifico para a sociedade e para a família a remuneração dele." (Os autores)*

Entendendo que esse sentimento é real e presente em quase a totalidade das empresas que possuem esse tipo de gestão, é importante entender o quanto é essencial e viável a manutenção desse *status*. Acredita-se que seja executado e mantido por necessidade do desconhecido, pelo amor aos parentes ou para manter a imagem. Porém, sendo sabedor, a avaliação dos benefícios e malefícios gerados é fundamental. E, assim e apenas assim, decidir pela manutenção ou não desse modelo, que muitas vezes inviabiliza a manutenção e impossibilita a perpetuação da Empresa Familiar. O *case* a seguir retrata uma possível solução.

## *Case* 01

Um empresário de renome regional, proprietário de uma grande indústria com mais de 30 anos no mercado, entendendo a necessidade de manter seu negócio saudável, decide investir em mais um empreendimento para seu único herdeiro, na busca de manter a paz familiar (esposa e o filho) e empresarial (que a indústria permaneça saudável). O patriarca em questão, além de um homem de mercado e um estudioso dos assuntos referentes à administração, avaliando o histórico de sua empresa e das demais empresas de gestão familiar que apresentam conteúdos disponíveis, decidiu que a melhor alternativa para seu filho era torná-lo dono do seu próprio negócio. Considerou os riscos e investiu em quatro negócios distintos em apenas 4 anos, tudo para manter o herdeiro longe do império familiar. Mesmo após os fracassos, ainda acreditou como viável um novo investimento do que a entrada do filho na empresa da família. Dessa vez, contratou uma empresa de consultoria para proporcionar total assessoria na gestão, o que possibilitou uma vida mais longa ao empreendimento, aumentando a "galinha dos ovos de ouro" da família, visto que o patriarca mantém há décadas toda família num padrão social altíssimo, em vez de atender aos caprichos do sentimento paternalista e colocar em risco todo o patrimônio.

## Influência Cultural

Um dos aspectos marcantes na administração *NO NEGÓCIO* é a influência da cultura patriarcal. O fundador é um ser intocável, inquestionável e arrogante, que impõe o respeito pela austeridade.

Abordar as culturas trazidas e confundidas no lar para o ambiente de trabalho é fator comum nas Empresas Familiares. A forma de tratamento entre os membros da família não deve ser a mesma quando no âmbito da família. Mais detalhes no Capítulo 7, no tópico destinado à blindagem.

Os principais aspectos observados nas consultorias sobre o que não se deve trazer da cultura da família para o campo profissional são:

a.  Vocabulários impróprios;

b.  Vestimentas inadequadas;

c.  Forma de tratamento pejorativo;

d.  Utilização do empregado para a realização de interesses próprios;

e.  Utilização indevida de bens patrimoniais, inclusive numerários, em benefício próprio;

f.  Etc.

A síntese de todos os aspectos apresentados pela influência da cultura é o RESPEITO aos procedimentos (Controles Internos) *NO NEGÓCIO*. A consequência da ausência dele acarreta nos funcionários um clima de descaso com a Empresa Familiar. A frase mais chocante escutada em várias Empresas Familiares é:

> *"Esta empresa é mais um brinquedo do dono... Quando ele enjoar de brincar, ele se desfaz e substitui por outro." (Os autores)*

# PESQUISA DE PERCEPÇÃO

A pesquisa realizada objetiva corroborar os *cases* analisados durante as consultorias efetuadas. A metodologia empregada foi o questionário de múltipla escolha e a amostra foi selecionada por meio do critério não probabilístico denominado amostra por conveniência ou acessibilidade (o pesquisador seleciona membros da população mais acessíveis) A amostra resultou em 100 (cem) alunos da pós-graduação com o seguinte perfil:

- 3% Gerentes de empresa de grande porte
- 5% Gerentes de empresa de médio porte
- 10% Gerentes de emresa de pequeno porte
- 48% Supervisores/Coordenadores/Encarregados de setor (cargo imediatamente abaixo de gerência)
- 10% Outros cargos
- 24% Estudantes
- 100% Total

A percepção do conceito de Empresa Familiar expressa em questionários:

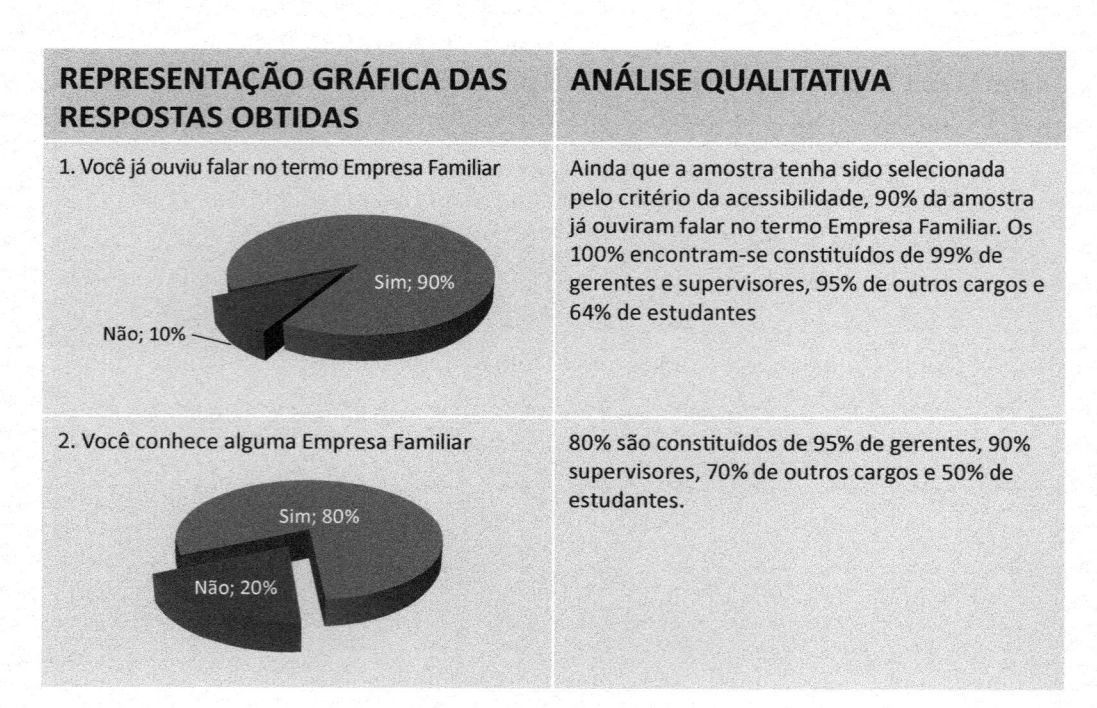

| REPRESENTAÇÃO GRÁFICA DAS RESPOSTAS OBTIDAS | ANÁLISE QUALITATIVA |
|---|---|
| 1. Você já ouviu falar no termo Empresa Familiar<br><br>Sim; 90%<br>Não; 10% | Ainda que a amostra tenha sido selecionada pelo critério da acessibilidade, 90% da amostra já ouviram falar no termo Empresa Familiar. Os 100% encontram-se constituídos de 99% de gerentes e supervisores, 95% de outros cargos e 64% de estudantes |
| 2. Você conhece alguma Empresa Familiar<br><br>Sim; 80%<br>Não; 20% | 80% são constituídos de 95% de gerentes, 90% supervisores, 70% de outros cargos e 50% de estudantes. |

### 3. Conceito de Empresa Familiar

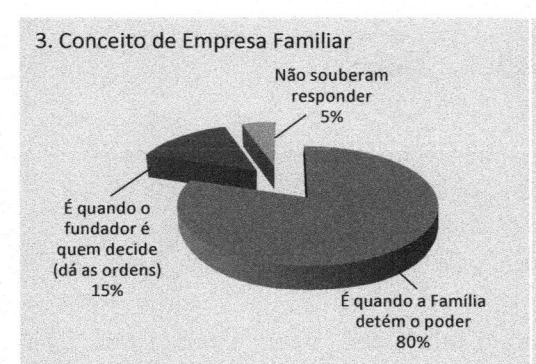

Não souberam responder 5%

É quando o fundador é quem decide (dá as ordens) 15%

É quando a Família detém o poder 80%

Os percentuais de 80% + 15% foram respondidos por 100% dos gerentes das empresas de grande, médio e pequeno portes, além de 98% de supervisores/ coordenadores/ encarregados de setor, 90% de outros cargos e 67% de estudantes

### 4. Característica da Empresa Familiar

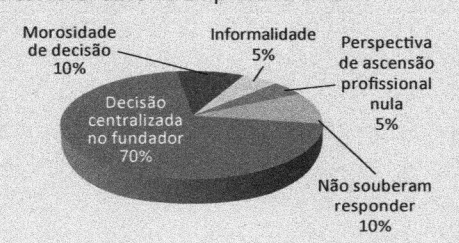

Morosidade de decisão 10%

Informalidade 5%

Perspectiva de ascensão profissional nula 5%

Decisão centralizada no fundador 70%

Não souberam responder 10%

Os percentuais de 70% + 10% foram respondidos por 98% dos gerentes das empresas de grande, médio e pequeno portes, além de 95% de supervisores/ coordenadores/ encarregados de setor, 78% de outros cargos e 37% de estudantes

### 5. Competência do membro da família ao Cargo

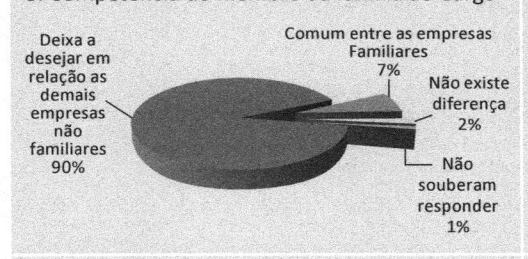

Deixa a desejar em relação as demais empresas não familiares 90%

Comum entre as empresas Familiares 7%

Não existe diferença 2%

Não souberam responder 1%

Os percentuais de 90% foram respondidos por 98% dos gerentes das empresas de grande, médio e pequeno portes, além de 95% de supervisores/ coordenadores/ encarregados de setor, 87% de outros cargos e 70% de estudantes

### 6. Conflito no Lar interfere na Gestão da Empresa

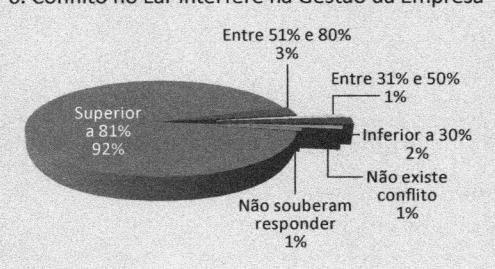

Entre 51% e 80% 3%

Entre 31% e 50% 1%

Superior a 81% 92%

Inferior a 30% 2%

Não existe conflito 1%

Não souberam responder 1%

Os percentuais superiores a 81% foram respondidos por 95% dos gerentes das empresas de grande, médio e pequeno portes, além de 92% de supervisores/ coordenadores/ encarregados de setor, 78% de outros cargos e 40% de estudantes

Conclui-se, portanto, que a percepção apresentada pela pesquisa corrobora os *cases* expostos no transcorrer do livro e com o posicionamento teórico desenvolvido neste estudo. É mister ressaltar que os resultados percentuais mais expressivos não são de estudantes, mas de profissionais de mercado.

 **ASPECTOS POLÊMICOS (*Latim = Controversum Volticulos*)**

A grande maioria das Empresas Familiares é iniciada com as características apresentadas neste estudo e, ao longo de sua história, evoluem para as gestões compartilhadas (família e funcionários não pertencentes à família). Algumas alcançam a governança corporativa plena.

No início de toda Empresa Familiar um dos objetivos implícitos é empregar em cargos de *status* alguns membros da família. Muitas vezes não é a intenção do fundador, mas do candidato.

A sugestão é que seja dado um treinamento específico a todos os membros da família anteriormente à posse do cargo. Por várias vezes, exercendo o cargo de auditor externo pertencente à segunda maior empresa de auditoria externa independente do mundo, vivenciei na minha equipe de trabalho auditores iniciantes filhos de empresários bem-sucedidos. Analisei esse fato como sendo um estágio de preparação para exercer cargos de gestão nas empresas do pai, ainda que esse objetivo não fosse explícito, caso o fosse nem seriam selecionados pela empresa de auditoria externa.

De acordo com Kaufman (2012):

> *"Depois de aprender mais sobre um tópico – mais conhecimento facilita perceber com mais clareza os limites de seu conhecimento e competência."*

No livro A Arte da Guerra pode ser efetuada uma analogia da estratégia na gestão empresarial com a utilizada na guerra. Foi selecionado este trecho para resumir a "incompetência no cargo":

> *"Aquele que conhece o inimigo e a si mesmo, lutará cem batalhas sem perigo de derrota;*
> *Para aquele que não conhece o inimigo, mas conhece a si mesmo, as chances para a vitória ou para a derrota serão iguais;*
> *Aquele que não conhece nem o inimigo e nem a si próprio, será derrotado em todas as batalhas..." (Claret, 2002).*

De acordo com Kelin (1997), todos os gestores da Empresa Familiar apresentam como traços marcantes a desconfiança no funcionário:

> *"São propensos a ser superprotetores em relação ao patrimônio construído e críticos quanto à competência e habilidade dos outros."*

No que se refere ao aspecto cultural, deve ser tratado no momento do planejamento estratégico ou mesmo no do sonho/ideia. Em regra geral, só orientamos iniciar o negócio diante de um resultado positivo na viabilidade do negócio. No entanto, entendemos que deve existir um resultado positivo na análise de convergência de conflitos, que é bastante reconhecida na literatura como sendo protocolo de convivência. Caso as divergências não sejam dirimidas, não é recomendado o início do negócio ou alertamos os empresários das ressalvas (vide Capítulo 7).

## QUESTIONAMENTOS

1. Quais as vantagens e desvantagens do modelo de gestão da Empresa Familiar centralizadora?
2. Que modalidade de organograma funcional obtém maior resultado operacional, o da Empresa Familiar ou o da gestão compartilhada?
3. Por que a Empresa Familiar tem que ter membros da família?

## LITERATURA COMPLEMENTAR

1. Claret M. A Arte da Guerra. São Paulo: Editora Martin Claret; 2002.
2. Kaufman J. Manual do CEO. São Paulo: Saraiva; 2012.

# Conflitos de Interesses

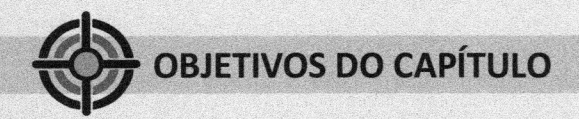

a. Conceito de cada conflito de interesse.
b. Características dos conflitos de interesses.
c. Exemplificação dos conflitos de interesses.

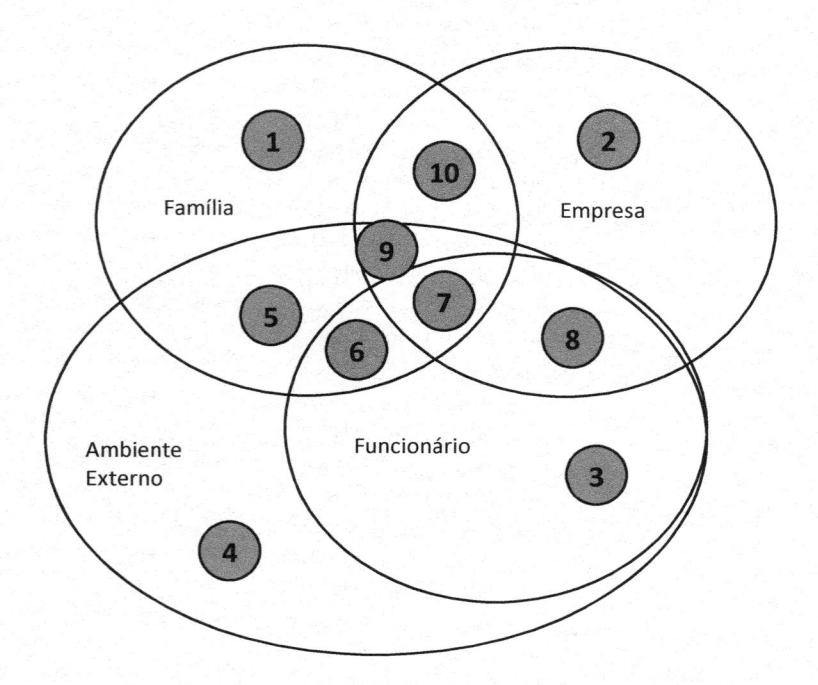

**1** Área que demonstra o desinteresse da família em possuir uma empresa, em possuir funcionários e de ser empregada. Em síntese, eles desejam viver de aplicações financeiras no *lato sensu*, arrendamento de imóveis e outros bens, entre outras formas de rendimentos.

Ex.: Os familiares desejam ser reconhecidos como *socialites*, expressão atribuída aos indivíduos que participam de evento social constituído pelos que detêm o maior poder aquisitivo. Esse evento pode ser beneficente ou não, expondo/ transformando esse indivíduo em uma pessoa pública. Alguns reconhecem como sendo indivíduos que possuem uma vida de luxo e ostentação.

**2** Área que apresenta a rejeição da Empresa Familiar: à família, aos funcionários e ao mercado. Os objetivos da Empresa Familiar são isolados e voltados aos interesses particulares, apenas do fundador.

Ex.: O fundador quer concretizar seu ideal custe o que custar, não mede esforços, deixando explícito que não depende de ninguém e que todos, inclusive a família, são meros instrumentos para a realização dele.

**3** Área na qual os objetivos pessoais do funcionário são divergentes dos objetivos da Empresa Familiar e do mercado. É o período em que ele se encontra rebelde e confuso, sem saber distinguir o que é melhor para ele do ponto de vista da convergência pessoal e profissional, a denominada realização plena.

Ex.: Tipificam-se como aqueles funcionários que criticam os procedimentos, não aceitam e não têm qualquer argumento que corrobore essa postura. São insistentes em tentar influenciar e convencer os demais funcionários de suas ideias. As principais características são:

- Cumprem a jornada de trabalho de forma rigorosa;
- Constantemente apresentam atestados médicos para justificar a ausência;
- Só produzem o que querem e quando querem;
- São individualistas e anticolaborativos.

**4** Área que representa a total rejeição do mercado à Empresa Familiar, à família envolvida e consequentemente aos funcionários pertencentes a ela, deixando de gerar riquezas e passando a gerar um passivo que dificilmente pode ser quitado em curto ou médio prazo.

Ex.: A Empresa Familiar, a família e consequentemente os funcionários são sempre envolvidos em fatos desleais no *lato sensu*: Justiça Civil, Trabalhista e Ambiental.

**5** A área que demonstra o interesse da família com o mercado, porém rejeita a ideia de ter Empresa Familiar e funcionários. O objetivo destes está voltado ao crescimento do patrimônio e do *status*, não existindo o menor interesse em participar de tomadas de decisões que lhes possam gerar transtornos e/ou estresses.

Ex.: Alguns membros da família desejam ser sócios de empreendimentos, mas não querem ter a responsabilidade direta com a gestão da empresa e com os funcionários.

**6** A área em que a família aceita a atividade econômica/mercado e os funcionários, mas rejeita a gestão da Empresa Familiar.

Ex.: É quando a família possui uma Empresa Familiar com a gestão realizada por funcionário não pertencente à família, exigindo e acompanhando os resultados/desempenhos previamente estabelecidos, que reconhece por governança corporativa.

**7** Área em que existe a convergência dos interesses e a inexistência de conflitos, denominada de área ou campo da "utopia de interesse".

Condição extremamente viável e salutar que necessita, porém, de muito estudo, planejamento e investimento contínuo no mercado e nas pessoas, alinhados ao controle sobre os sentimentos envolvidos.

Ex.: Os membros da família desejam estar na e ter a Empresa Familiar, desejam ter funcionários e possuem o interesse de pertencer à atividade econômica na qual a empresa se encontra inserida. Por sua vez, os funcionários contratados estão realizados no que fazem, onde trabalham e com quem trabalham. Por último, o próprio mercado aceita e deseja/exige a permanência da empresa, pois ela faz bem ao mercado em todos os aspectos.

**8** A área que demonstra o interesse da Empresa Familiar com o funcionário e vice-versa, porém rejeita a ideia de ter alguns membros da família na composição da Empresa Familiar, bem como o mercado rejeita a família na gestão da Empresa Familiar.

Ex.: O mercado e os funcionários não aceitam a família na gestão da Empresa Familiar. O próprio fundador em sua gestão estabelece um contrato (governança corporativa) de admissão e ascensão dos membros da família, evitando com isso desde o início as interferências pessoais e sentimentais, o que favorece e fortalece os laços entre empregados, empregadores e mercado.

**9** Área em que a Empresa Familiar rejeita os funcionários.

Ex.: É quando a Empresa Familiar é operacionalizada apenas por membros da família e por empresas terceirizadas.

**10** Área de convergência de interesses entre os membros da família e a Empresa Familiar, porém não aceitam ter funcionários e não aceitam o mercado em que estão inseridos.

Ex.: A família deseja ter uma Empresa Familiar, mas não concorda com as regulações da atividade econômica em que se encontra enquadrada no CNAE – Código Nacional de Atividade Econômica, exigindo por meio de *lobby* (grupo de pressão) mudanças que atendam ao seu interesse e não ao interesse comum de todas as empresas pertencentes a essa atividade econômica. Quanto aos funcionários, decidem terceirizar.

Conforme apresentado anteriormente, será dada ênfase aos conflitos "α" e "β". O conflito "α" pode ser explicitado através da frase de um cliente:

*"O meu pai ainda não entendeu que meu sonho não é trabalhar com alimentos... Meu interesse é trabalhar com carros importados." (Os autores)*

É evidente nessa frase que o patriarca (responsável financeiro da família) desconsidera qualquer aptidão do filho e impõe sua vontade: nesse momento é criado o conflito "α". Este último é responsável pela geração dos **gastos invisíveis**, consequentes à falta de aptidão e/ou vontade. O conceito de vontade atribuído neste estudo é o estímulo essencial, interior ao ser humano, que traz satisfação em realizar algo, diferente do conceito de motivação, pois este pode ser estimulado por fatores externos:

a. Recompensa Financeira:

- Comissão;
- Aumento salarial;
- Promoção;
- Participação no resultado;
- Entre outros aspectos financeiros.

b. Recompensa Social:

- Matéria em jornais e revistas;
- Participações em eventos;
- Troféus, medalhas, comendas, etc.

O exemplo que foi selecionado como sendo clássico e que representa o conceito de vontade seria as realizações no anonimato, que podem ser comparadas com a diferença do conceito de caridade e esmola.

O conflito "β" é aquele oriundo dos interesses dos membros da família na Empresa Familiar. A diferença entre o conflito "α" e o "β" é que no primeiro o interesse do membro da família encontra-se fora da Empresa Familiar, enquanto no "β" é na própria Empresa Familiar.

O conflito "β" pode ser exemplificado por:

- Ausência de profissionalismo, em todos os setores da empresa, acarretando em desrespeito aos lucros;
- Alguns parentes permanecem acomodados e relegam o processo administrativo, que é um dos elementos para o alcance do resultado;
- Utilização indevida dos recursos da empresa por membros da família, apropriando-se do numerário da empresa.

Essa temática foi isolada como um capítulo para ressaltar a importância do tema na estruturação da Empresa Familiar, bem como para objetivar o quanto o tema não possui a seriedade que merece. Iniciando por esse fato, todos os demais motivos que contribuem para o fracasso da Empresa Familiar, embora seja atribuído ao mercado.

Conclui-se o capítulo com uma reflexão bastante radical, forte e por que não dizer grosseira, mas ninguém pode negá-la como verdadeira.

> *"Se meu cunhado não puder trabalhar aqui numa função qualquer, simplesmente terei de encontrar outra forma de sustentá-lo." (Christensen, 1953, p. 175 apud Donnelley, 1976, p. 5)*

## Case 01

Numa determinada empresa, com gestão de primeira geração, o diretor e proprietário, que não possui filhos, contrata o sobrinho e filho de seu único irmão para ser gerente de operações da empresa. Com o passar do tempo, começou a existir um crescimento abrupto no número de faltas, atestados, conflitos internos e insatisfação dos clientes. Porém, após entrevistar todos os funcionários, em sua totalidade afirmaram a competência e o preparo do gerente. Os resultados das entrevistas com os funcionários contradiziam os resultados da empresa em número e grau de satisfação dos clientes. O diretor resolveu realizar uma investigação. Após a referida investigação, descobriu que o gerente de operações (sobrinho) era bem quisto pelos funcionários por não cumprir com suas obrigações de gerente: delegar, coordenar, dirigir, controlar, etc. Nessa firma, ninguém precisava cumprir com as obrigações conforme contrato de trabalho, e sim com seus desejos e anseios do dia a dia. Diante da situação, o diretor encontrava-se em uma verdadeira encruzilhada: salvar a empresa ou a relação com o irmão? O que você faria?

## Case 02

Um grupo empresarial familiar que atuava em três segmentos distintos, em que cada irmão presidia um negócio distinto e todos faziam parte do conselho administrativo, contratou uma terceirizada para realizar atividade no intuito de detectar se estava havendo perda dos controles financeiros. Quando o trabalho estava sendo desenvolvido de forma técnica e produtiva, próximo da data de apresentar os resultados ao conselho administrativo, deparou-se com o fato de que o presidente da empresa comandava junto com seus gestores um esquema de desvio de dinheiro. O presidente da empresa que estava recebendo os serviços afirmou que os serviços não estavam sendo realizados a contento e cancelou o contrato.

 ## PESQUISA DE PERCEPÇÃO

A pesquisa realizada objetiva corroborar os *cases* analisados durante as consultorias efetuadas. A metodologia empregada foi o questionário de múltipla escolha e a amostra foi selecionada por meio do critério não probabilístico denominado amostra por conveniência ou acessibilidade (o pesquisador seleciona membros da população mais acessíveis). A amostra resultou em 100 (cem) alunos da pós-graduação com o seguinte perfil:

- 3% Gerentes de empresa de grande porte
- 5% Gerentes de empresa de médio porte
- 10% Gerentes de emresa de pequeno porte
- 48% Supervisores/Coordenadores/Encarregados de setor (cargo imediatamente abaixo de gerência)
- 10% Outros cargos
- 24% Estudantes
- 100% Total

A percepção do conflito familiar expressa em questionários:

| REPRESENTAÇÃO GRÁFICA DAS RESPOSTAS OBTIDAS | ANÁLISE QUALITATIVA |
|---|---|
| 1. O conflito dos membros da Empresa Familiar é percebido como 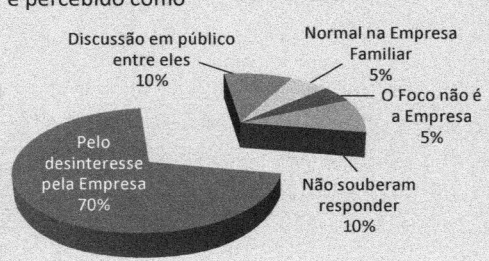 | O percentual de 70% foi respondido por 90% dos gerentes das empresas de grande, médio e pequeno portes, além de 88% de supervisores/ coordenadores/ encarregados de setor, 50% outros cargos e 29% de estudantes |
| 2. A missão da empresa é descumprida pelo membro da Empresa Familiar porque?  | O percentual de 60% foi respondido por 80% dos gerentes das empresas de grande, médio e pequeno portes, além de 68% de supervisores/ coordenadores/ encarregados de setor, 45% outros cargos e 29% de estudantes |

3. Quando o membro da Empresa Familiar estar mais nos eventos sociais do que na empresa é

O percentual de 70% foi respondido por 98% dos gerentes das empresas de grande, médio e pequeno portes, além de 70% de supervisores/ coordenadores/ encarregados de setor, 65% outros cargos e 45% de estudantes

4. Se um membro com menor idade da Empresa Familiar exercer um cargo superior a outro membro da família com maior idade gerará conflito?

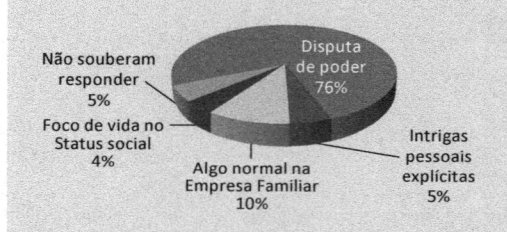

O percentual de 76% foi respondido por 98% dos gerentes das empresas de grande, médio e pequeno portes, além de 80% de supervisores/ coordenadores/ encarregados de setor, 75% outros cargos e 52% de estudantes

5. Um membro da Empresa Familiar pode exercer um cargo inferior a outro funcionário que não seja membro da família e não gerar conflito?

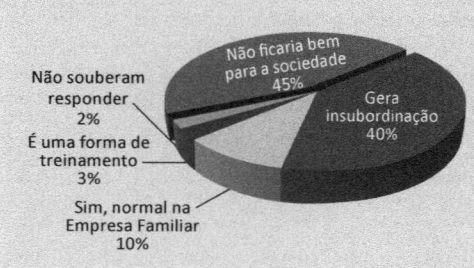

O percentual de 40% foi respondido por 75% dos gerentes das empresas de grande, médio e pequeno portes, além de 39% de supervisores/ coordenadores/ encarregados de setor, 45% outros cargos e 15% de estudantes

Conclui-se, portanto, que a percepção apresentada pela pesquisa corrobora os *cases* expostos no transcorrer do livro e o posicionamento teórico desenvolvido neste estudo. É mister ressaltar que os resultados percentuais mais expressivos não são de estudantes, mas de profissionais de mercado.

 **ASPECTOS POLÊMICOS (Latim = Controversum Volticulos)**

Os estudos dos conflitos apresentados neste livro são divergentes do conceito de discussão. O discurso platônico adota a discordância de ideias como elemento contribuinte para o crescimento e amadurecimento das ideias futuras. Já o conflito, aqui abordado, é a discordância de procedimentos/controles internos preestabelecidos pela empresa objetivando atingir a meta para qual a empresa foi constituída. Conforme foi apresentado, existem diversas modalidades de conflitos que ocorrem simultaneamente numa organização.

A essência do capítulo é conscientizar o fundador da Empresa Familiar ou o atual gestor de que poderá minimizar ou evitar uma perda emocional e financeira ao identificar e aceitar a existência dos conflitos "α" e "β".

Para Kaufman (2012), o conflito interpessoal é entendido como um fator que pode ser influenciado, ele afirma:

> *"Um dos problemas do conflito interpessoal é que nunca poderemos verdadeiramente controlar as ações de outro ser humano. Podemos influenciar, persuadir, inspirar ou negociar, mas nunca podemos atuar diretamente sobre as percepções de outra pessoa ou alterar diretamente seus níveis de referência."*

A pesquisa de percepção corrobora o estudo desenvolvido neste livro e ressalta que os membros da família devem ter uma preparação psicológica e comportamental antes da operacionalidade da empresa. Essa preparação objetiva permite diminuir os conflitos e, quando ocorrerem, saber como conduzi-los.

No Capítulo 7 desenvolvem-se sugestões de convivência legais (contratos) para evitar esses conflitos. Todavia, esses contratos devem ser aceitos no ato da contratação, pois são parte integrante desta.

 **QUESTIONAMENTOS**

1. Quais os benefícios de ter um membro da família em posição estratégia na Empresa Familiar?

2. Quando o resultado operacional dos setores da Empresa Familiar gerenciados por membros da família não é efetivo, o que devo fazer?

3. Em que momento você demitirá um membro da família? Da mesma forma como um funcionário normal (que não pertence à família)? {ver Capítulo 7}

 **LITERATURA COMPLEMENTAR**

1. Bergamini CW. Psicologia Aplicada à Administração de Empresas. São Paulo: Saraiva; 2012.
2. Spector PE. Psicologia nas Organizações. São Paulo: Saraiva; 2012.

# Cenários da Empresa Familiar

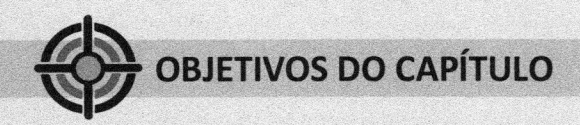

## OBJETIVOS DO CAPÍTULO

a. A importância da Empresa Familiar na economia nacional.
b. A participação da Empresa Familiar na economia mundial.
c. Ciclo de Vida da Empresa Familiar.
d. Conceito DO NEGÓCIO.
e. Conceito NO NEGÓCIO.

## ■ PANORAMA

É visível a importância da Empresa Familiar no cenário de desenvolvimento econômico de qualquer civilização. Basta estar num município distante da capital para percebermos que o mercado (comércio) é caracterizado pelo predomínio de um pequeno grupo de proprietários ou de família. Esse episódio, ainda que seja pouco perceptível na capital de um estado, é a mola propulsora do desenvolvimento econômico local e das circunvizinhanças. Em outras palavras, elas sempre tiveram o papel fundamental no crescimento do PIB (Produto Interno Bruto).

No intuito de externar cada vez mais a importância, representatividade e a necessidade das Empresas Familiares para a economia indistintamente, é que se apresenta a matéria jornalística realizada pelo *Small Business Administration* (Administração de Pequenos Negócios), a qual destaca que entre as 500 (quinhentas) empresas de maior faturamento, 30% são empresas familiares.

Para Moreira (2011 *apud* Lansberg et al., 2011), 70% da propriedade e gestão das empresas no mundo são familiares.

Outra grande informação que deixa o público bastante satisfeito é apresentar o sucesso de Empresas Familiares, tais como Votorantim, Magazine Luiza, Pão de Açúcar, Cielo, Klabin, Viação Garcia, Odebrecht, Heineken e Peugeot.

No mercado brasileiro, cerca de 20% das Empresas Familiares com mais de 60 anos de operação são controladas pelas famílias.

O quadro demonstra a representatividade das Empresas Familiares no cenário mundial, elaborado pela empresa de auditoria e consultoria PricewaterhouseCoopers sediada em Buenos Aires – Argentina.

| LOCALIDADE | CARACTERÍSTICA |
| --- | --- |
| Estados Unidos | Geram metade do PIB |
| Europa | Dominam o segmento das PyMES e em alguns países estão entre a maioria das grandes empresas |
| Ásia | Ocupam posições dominantes na economia, exceto na China |
| América Latina | Representa a principal forma de propriedade privada e na maioria das indústrias |

Fonte: PwC (2013).

Quase não existe divulgação na mídia de massa sobre a representatividade da Empresa Familiar no Brasil e no mundo, o que não ajuda no estímulo a novos empreendimentos projetados para perpetuação pela falta de subsídios mínimos disponíveis para pesquisa que os levem a crer na valoração do investimento de tempo e dinheiro.

A participação das Empresas Familiares no cenário brasileiro, segundo Oliveira (2010), sempre foi expressiva:

a. Representam 4/5 do total de empresas privadas existentes.

**Participação da Empresa Familiar no mercado brasileiro**

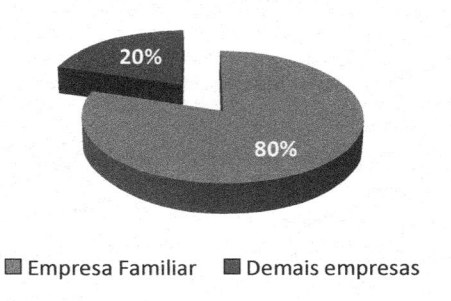

■ Empresa Familiar  ■ Demais empresas

Mesmo diante de dados fidedignos que comprovam valor maior de participação da Empresa Familiar, ainda existe ausência de informações básicas necessárias para seu estudo, o que propiciaria maior entendimento e, assim, soluções customizadas para o perfil apresentado, levando ao aumento contínuo e qualificado dos números.

b. Respondem por 3/5 da Receita Bruta (Faturamento Bruto).

**Participação do Faturamento Bruto
da Empresa Familiar no mercado brasileiro**

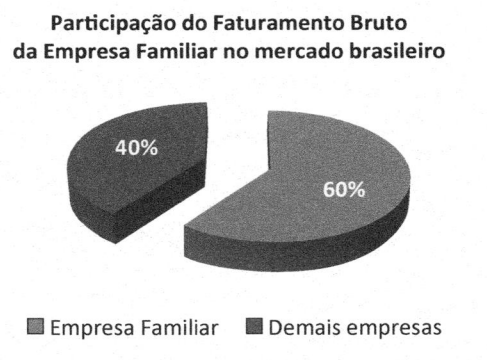

■ Empresa Familiar  ■ Demais empresas

Temos que comemorar os resultados obtidos e sua representatividade. Porém, depois de estudos e análises, poderíamos interrogar se, com controles e conhecimentos maiores da gestão na maioria das micro e pequenas empresas familiares, esse número não seria maior.

c.  Geram 1/5 dos empregos na atividade privada no Brasil.

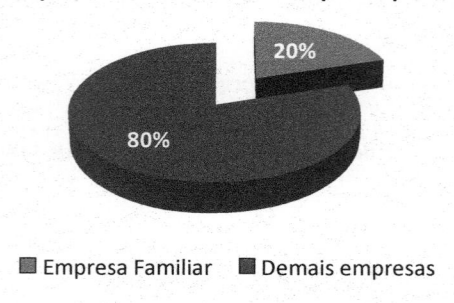

**Participação de geração de emprego
da Empresa Familiar dentre as empresas privadas**

■ Empresa Familiar   ■ Demais empresas

Nos Estados Unidos, segundo *Wall Street Journal* (1996), as empresas familiares apresentam os seguintes destaques:

d.  Geram 59% do total de empregos

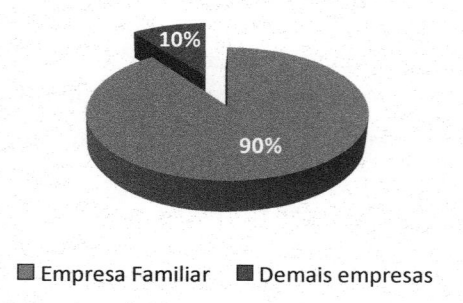

**Participação da Empresa Familiar na geração de empregos
no mercado dos Estados Unidos**

■ Empresa Familiar   ■ Demais empresas

e.  Representam 78% dos empregos novos

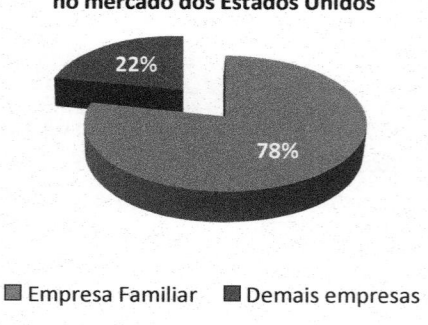

**Participação da Empresa Familiar na geração de NOVOS empregos
no mercado dos Estados Unidos**

■ Empresa Familiar   ■ Demais empresas

Além desses dados, o estudo identificou que 27 milhões de americanos trabalham em empresas próprias (Familiares).

Para Ricca (2007), a participação da Empresa Familiar é de 90% das empresas existentes no Brasil. Esse volume está na ordem de algo em torno de sete milhões de empresas familiares, o que deixa claro a importância dessas empresas para o país e enfatiza a necessidade de um cuidado maior com seus modelos de gestão e de implantação de ferramentas de controle bem definidas, com enfoque na continuidade como negócio que gera riquezas para os proprietários, funcionários e para o País.

## ■ CICLO DE VIDA DA EMPRESA FAMILIAR

Foi constatado que a literatura existente só aborda o lado negativo do ciclo de vida da empresa e em especial da Empresa Familiar.

O reforço da afirmativa apresentada no prefácio, sobre a ausência de especialização, é corroborado por Ricca (2001, p. 7):

> *"A maior preocupação das empresas familiares é sua sobrevivência. A maioria delas enfrenta problemas existenciais ou estratégicos, isto é, dificuldades relacionadas à inadequação, tanto na utilização, quanto na escolha dos recursos disponíveis para o alcance das vantagens de mercado."*

Os dados utilizados no gráfico Ciclo de Vida da Empresa Familiar foram obtidos no estudo realizado pelo Instituto Brasileiro de Geografia e Estatística – IBGE, divulgado em 27 de agosto 2012, o qual envolveu um total de 464,7 mil Empresas Familiares iniciadas em 2007 e concluiu que:

- Após 12 meses só estavam em atividade 353,6 mil empresas, o que demonstra uma mortalidade de 24%;
- Após 24 meses só estavam em atividade 285 mil empresas, o que demonstra uma mortalidade de 39%;
- Após 36 meses só estavam em atividade 240 mil empresas, o que demonstra uma mortalidade de 48%.

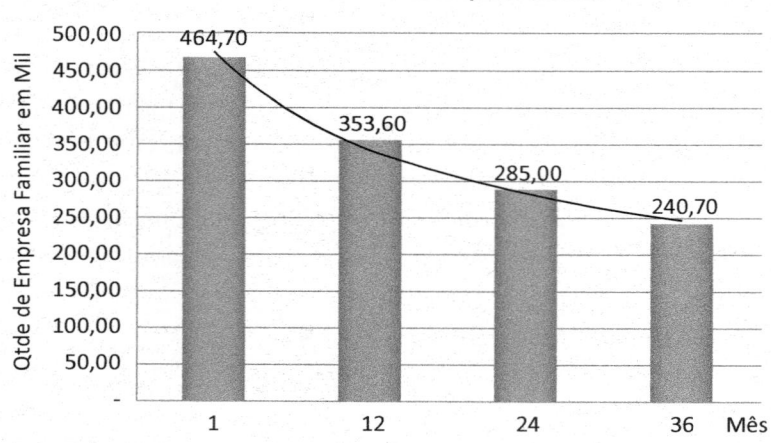

**Ciclo de Vida da Empresa Familiar**

Fonte: IBGE (2012)

Nesse mesmo estudo são apresentados os setores que obtiveram o maior impacto de insucesso, atingindo o fechamento:

• Artes;

• Cultura;

• Esportes;

• Recreação;

• Empresas de seguro.

Por outro lado, os setores que obtiveram sucesso foram:

• Saúde humana;

• Eletricidade e gás;

• Água e esgoto;

• Atividades de resíduos e descontaminação.

Pode-se destacar, também, a existência de várias Empresas Familiares com cerca de 90 anos de existência, conforme Oliveira (2010):

• Casas Pernambucanas;

• Cervejaria Brahma e Antarctica (denominação da época da publicação do livro);

• Caloi;

• Alpargatas;

• Indústrias têxteis Buettner e Pereira Guimarães;

• Lepper.

Mas nem tudo são flores. Segundo estudo realizado pelo SEBRAE, constata-se que a cada 100 (cem) Empresas Familiares ativas:

• 30% chegam até a segunda geração;

• 5% sobreviverão à terceira geração;

• 65% fecham na primeira geração.

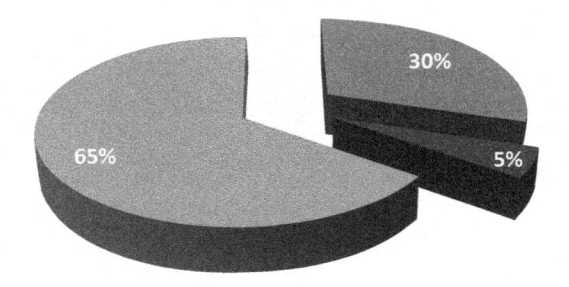

Fonte: Os autores.

O histórico mundial do tempo de vida útil, também denominado de ciclo de vida útil de uma Empresa Familiar, segundo Lansberg (1996, p. 11):

• Era de aproximadamente 24 (vinte e quatro) anos; e

• Após a morte do seu fundador, 70% das Empresas Familiares fecham.

Diante do resultado quantitativo apresentado nessa pesquisa do SEBRAE, reflete-se e acredita-se que uma das causas fundamentais dessa mortalidade resida na fase inicial que se denomina neste livro de amadurecimento do "sonho", que é uma das etapas do princípio da continuidade. Em alguns estudos, esse conceito é distorcido e entendido como sendo a etapa da sucessão. Como será objeto de estudo num capítulo específico, apenas nos resta mencionar que a mortalidade é resultado do fracasso do princípio da continuidade.

Sabedor da importância das Empresas Familiares no desenvolvimento econômico – PIB, a preocupação deste estudo não reside na criação/abertura da Empresa Familiar, mas sempre nas 3 (três) fases: criação (constituição), desenvolvimento (prosperidade) e permanência (sobrevivência) das Empresas Familiares no mercado do Nordeste e Norte do Brasil. Apesar de não ser muito entendida a postura deste estudo de fazer parte da história da empresa pelos empresários familiares, acredita-se que por causa dos diversos tipos de consultores que buscam a cada instante uma oportunidade de "explorar financeiramente" seus clientes.

A representação gráfica tradicional do ciclo de vida do produto de Sandhusen (1998 apud Irigaray et al., 2006), cujo conceito é extrapolado neste livro para a teoria de vida útil de uma empresa, é mostrada a seguir:

**Ciclo de Vida dos Produtos**

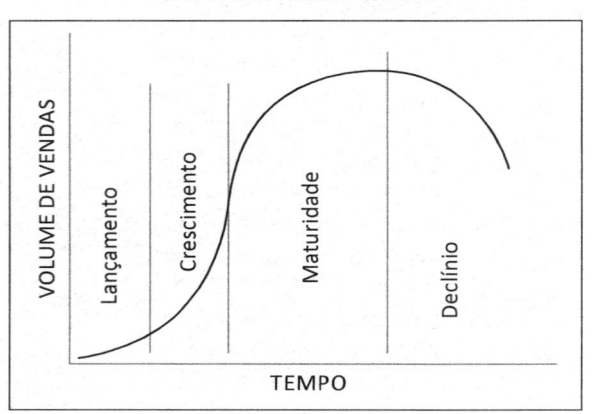

A grande maioria dos teóricos que estudam o ciclo de vida da empresa ou do produto/serviço os classificam em 4 (quatro) fases: lançamento, crescimento, maturidade e declínio. Aceitam as fases como um axioma (premissa considerada verdadeira, porém indemonstrável), tornam essa teoria uma verdade e conseguem repassar para os empresários, principalmente para os alunos da graduação. Neste livro, será respeitada e aceita a referida teoria, porém as restrições a este estudo serão apresentadas no gráfico a seguir.

O intervalo representado pela letra (a) é a fase na qual a empresa é próspera, o faturamento é crescente e supera as necessidades dos gastos. Também nela verifica-se que os gestores não possuem qualquer preocupação com os conceitos básicos: planejamento, controle, projeções futuras e reinvestimento. Confundem faturamento com lucro e têm a certeza de que não dependem de ninguém.

O intervalo representado pela letra (b) significa o declínio do ciclo de vida de uma empresa, em que o faturamento não supre as necessidades dos gastos e é gerada uma crise, principalmente nos membros da família, tendendo ao fechamento.

Esses 2 (dois) conceitos são aceitos como norma e não como um subterfúgio dos empresários incompetentes. Em outras palavras, qualquer empreendimento que não prospera sempre retrocederá e fechará. O período de tempo para que isso ocorra é indiferente e altera-se de empresa para empresa.

**Ciclo de Vida pela Visão da Criação de Valor**

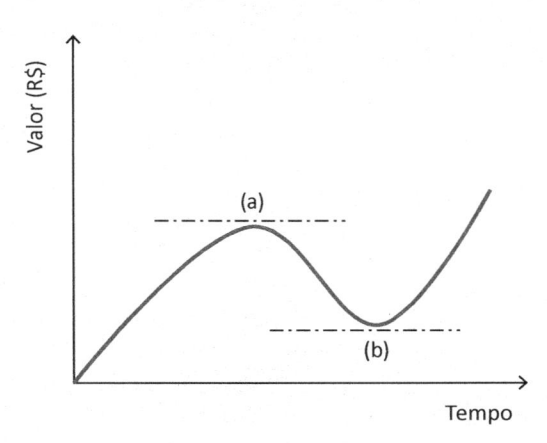

Fonte: O Autor

Ao considerar o ciclo de vida como sendo parte integrante do contexto, sempre extrapolei as análises para o campo, muitas vezes não mensurável, e identifiquei que a falta de interesse constante pelo conhecimento dos proprietários de empresas familiares *DO NEGÓCIO e NO NEGÓCIO* é uma das principais causas de falência dessas empresas. Existe uma diferença conceitual muito grande entre essas expressões. Quando se faz referência às terminologias *DO NEGÓCIO* e *NO NEGÓCIO*, o estudo não está sendo redundante, pois *DO NEGÓCIO* é a atividade-fim para a qual uma empresa foi constituída, e a expressão *NO NEGÓCIO* é como está sendo administrada, com o objetivo da lucratividade *sempre*. O sucesso depende da combinação desse binômio tendendo à perfeição. Ainda em relação a esse binômio, observam-se, nas consultorias, os empresários tentando intimidar sobre esse assunto ao utilizarem frases de efeito para justificar a falta de interesse pela atualização constante:

> *"Sempre ganhei dinheiro desta forma, por que terei que mudar agora?" (Os autores)*
> *"Cheguei onde cheguei desta forma." (Os autores)*
> *"Construir tudo que tenho assim e não é pouco." (Os autores)*

Deparamo-nos com inúmeros exemplos em diversas atividades econômicas: farmacêutica, eletroeletrônica, panificadoras, alimentícia, imobiliária, vestuário, etc.

A título de ilustração, faremos uma citação sem mencionar o nome, uma vez que não temos permissão para divulgar a conversa realizada com alguns fundadores e principais gestores de empresas familiares tradicionais de Pernambuco. Ao indagar acerca do reflexo no faturamento e consequente sobrevivência no mercado de sua empresa, tendo em vista que as redes de supermercados estão investindo cada vez mais e até estabelecendo *NEGÓCIOS* denominados de Padaria, Farmácia e Carnes, com metas de faturamento, mix de produto, metas de redução de gastos e estragos, etc., a resposta desses empresários foi: "Isso não passa de um modismo, e como tal logo cessará". Há aproximadamente 18 meses desse comentário, a panificadora familiar fechou; há 26 meses, a farmácia familiar também, e os estabelecimentos que comercializavam carnes aos poucos foram desaparecendo. Atualmente, resumem-se aos mercados e feiras populares e em alguns subúrbios do Recife ainda sobrevivem. Conclui-se que não era modismo.

Outro aspecto que ficou marcado na década de 1990 foi o advento da popularização do cartão de crédito com a possibilidade da compra não só de alimentos, mas de todas as mercadorias existentes nas redes de supermercados, além de medicamentos. Contribuiu para esta popularização, entre outros aspectos, a possibilidade de ir a um único local e ter ao seu dispor "todos" os elementos necessários e ainda poder adquiri-los, mesmo sem desembolsar no ato da compra, apenas apresentando o cartão de crédito. Esse fator, mesmo percebido a todo custo pelos tradicionais empresários familiares, inviabilizou qualquer ação de curto prazo, uma vez que requer um investimento de capital (fluxo de caixa) que não se havia planejado.

Sem perder o foco na Empresa Familiar, o parágrafo anterior pode ser extrapolado para as empresas com alto grau de profissionalismo, pois a analogia do cartão de crédito e da comodidade de ter tudo ao seu alcance está sendo permitida no *e-commerce* (comércio eletrônico), com muito mais vantagens para o cliente, pois além de dispor das possibilidades ofertadas pelas empresas de alto grau de profissionalismo, não necessita deslocar-se para efetuar a compra e ainda recebe a mercadoria no endereço desejado.

O lamentável de tudo isso é que esse grupo de empresas não está preocupado e os tradicionais empresários familiares ainda acreditam que é um modismo:

> *"Gente gosta de ser atendido por gente e não por máquina."*
> *(Os autores)*

Nos últimos 12 meses, recebemos a mesma indagação de diversos empresários:

> *"Essa ideia de negócio é boa?" (Os autores)*

Logicamente essa pergunta necessitará de uma resposta analítica e não sintética. Porém, para mantermos o foco na questão em discussão, deixamos uma pergunta como reflexão:

*"O novo negócio no qual você pretende investir, os chineses já vendem pelo e-commerce?"*

A permanência ou o ciclo de vida da Empresa Familiar vem sendo foco de discussão constante no meio acadêmico, restrito aos artigos científicos, segundo Montigeli (1995 *apud* Barros, 1996), e a partir do ano de 2000 algumas editoras demonstraram o interesse mais explícito no editorial de livros. A perenidade delas está diretamente dependente do grau de profissionalismo dos membros integrantes, principalmente com a abertura do mercado desde o governo de Fernando Collor de Mello até o advento do *e-commerce* (comércio eletrônico), ambos exigindo maior competência dos gestores *NO NEGÓCIO* e no cenário mundial *DO NEGÓCIO*.

A exploração do nome familiar, as glórias do passado e a tradição eram os atributos de captação de clientes, e são saudosismos que não garantem permanência no mercado pós *e-commerce* (comércio eletrônico). Mas o atributo ofertado ao cliente do mundo como um todo é a garantia de que o que for comprado é entregue, por um preço baixo e com qualidade. E muitas vezes é o mesmo fabricante. Sem falar que você recebe em casa sem precisar se deslocar e gastar tempo em deslocamento e atendimento no estabelecimento, entre outros fatores.

Este estudo é adepto da teoria da *CRIAÇÃO do VALOR*. Esse valor está em tudo: no produto ou serviço, no atendimento, na estrutura física do estabelecimento, no ambiente organizacional. Ele é percebido pelos clientes. Identifique o(s) fator(es) na empresa que criam valores e reestruture para gerar valores ainda maiores. Várias teorias abordam o conceito de valor percebido pelo cliente. Neste livro, o conceito de valor percebido pelo cliente é constituído de 3 (três) aspectos:

a. **Plenamente satisfeito** – Ele paga não pelo preço do produto/mercadoria ou serviço, mas sim pelo VALOR CRIADO pelo contexto;

b. **Indiferente** – Ele compra o produto que compraria em qualquer outro estabelecimento, não percebendo ou não dando importância à sua *CRIAÇÃO do VALOR*. Sua criação de valor não atinge essa camada de público;

c. **Ocasional** – Ele compra por algum impedimento de comprar em outro estabelecimento da preferência dele. Faz de tudo para que esse momento seja o mais breve possível. Sua *CRIAÇÃO do VALOR* o repudia e causa-lhe mal.

Uma máxima de Kaufman (2012) ao atribuir o valor entregue ao cliente é:

*"Quanto menos eles recebem, menos desejarão comprar de você".*

A preocupação em entender a teoria do valor percebido por cada cliente é um fator importante na teoria desenvolvida ao longo das consultorias, que se encontra representada no gráfico intitulado: Ciclo de Vida pela Visão da criação de valor. Neste livro, o entendimento é de que a *CRIAÇÃO do VALOR* deve ser revisada periodicamente, antes de o faturamento declinar. O porquê de ser antes do declínio do faturamento é que o empresário gastará tanto menos esforço financeiro como funcional. Nossa teoria pode ser corroborada pela experiência de Kaufman (2012), quando afirma:

*"Sempre concentre a maior parte dos seus esforços atendendo seus clientes ideais. Eles compram logo, com frequência, gastam mais, divulgam seu negócio e estão dispostos a pagar mais pelo valor que você oferece".*

É comum perceber nos atendentes imaturos o direcionamento dos esforços de vendas a clientes que não irão comprar.

Os elementos utilizados nas consultorias para suportar a teoria do ciclo de vida da Empresa Familiar foram empíricos, e após estudar a teoria do *Lifetime Value* de Kaufman (2012, p. 173), continuei aplicando com maior propriedade:

*"É o valor total de um cliente ao longo da vida útil do relacionamento desse cliente com a empresa. Quanto mais um cliente comprar de você e quanto mais tempo ele permanecer com você, mais valioso ele é para seu negócio... Quanto maior for o Lifetime Value do seu cliente, mais você pode fazer para mantê-lo satisfeito e mais pode se concentrar em atendê-lo bem."*

# PESQUISA DE PERCEPÇÃO

A pesquisa realizada objetiva corroborar os cases analisados durante as consultorias efetuadas. A metodologia empregada foi o questionário de múltipla escolha e a amostra foi selecionada por meio do critério não probabilístico denominado amostra por conveniência ou acessibilidade (o pesquisador seleciona membros da população mais acessíveis). A amostra resultou em 100 (cem) alunos da pós-graduação com o seguinte perfil:

- 3% Gerentes de empresa de grande porte
- 5% Gerentes de empresa de médio porte
- 10% Gerentes de emresa de pequeno porte
- 48% Supervisores/Coordenadores/Encarregados de setor (cargo imediatamente abaixo de gerência)
- 10% Outros cargos
- 24% Estudantes
- 100% Total

A percepção da importância da Empresa Familiar para economia expressa em questionários:

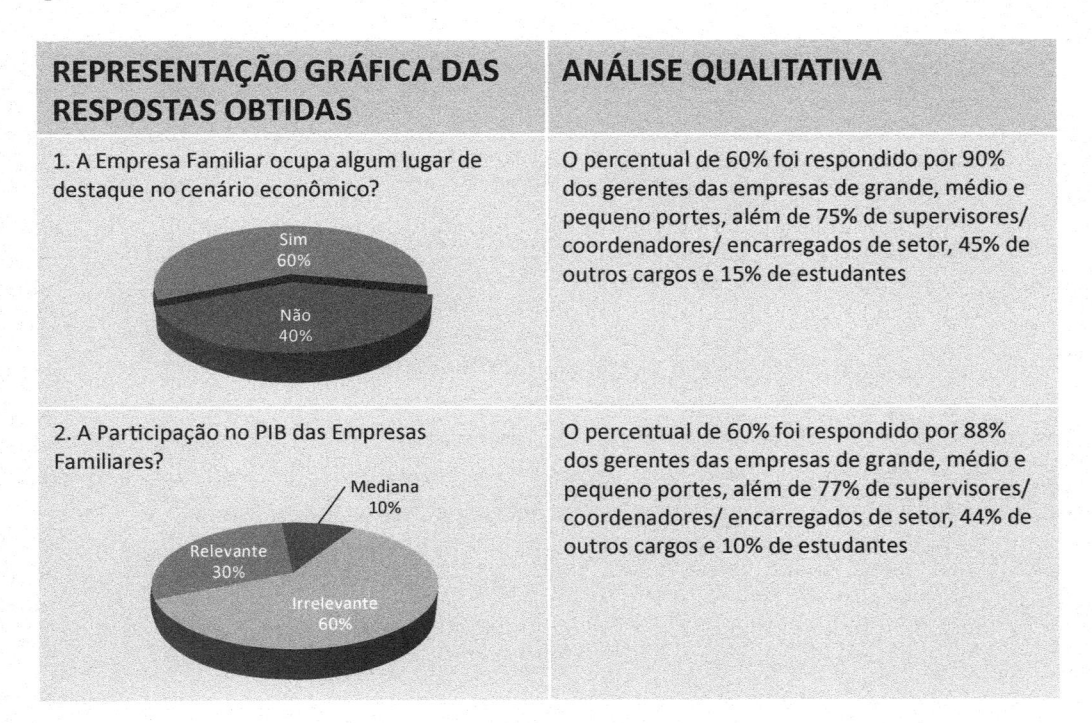

| REPRESENTAÇÃO GRÁFICA DAS RESPOSTAS OBTIDAS | ANÁLISE QUALITATIVA |
|---|---|
| 1. A Empresa Familiar ocupa algum lugar de destaque no cenário econômico?<br><br>Sim 60%<br>Não 40% | O percentual de 60% foi respondido por 90% dos gerentes das empresas de grande, médio e pequeno portes, além de 75% de supervisores/ coordenadores/ encarregados de setor, 45% de outros cargos e 15% de estudantes |
| 2. A Participação no PIB das Empresas Familiares?<br><br>Mediana 10%<br>Relevante 30%<br>Irrelevante 60% | O percentual de 60% foi respondido por 88% dos gerentes das empresas de grande, médio e pequeno portes, além de 77% de supervisores/ coordenadores/ encarregados de setor, 44% de outros cargos e 10% de estudantes |

3. Qual é o ciclo de vida das Empresas Familiares?

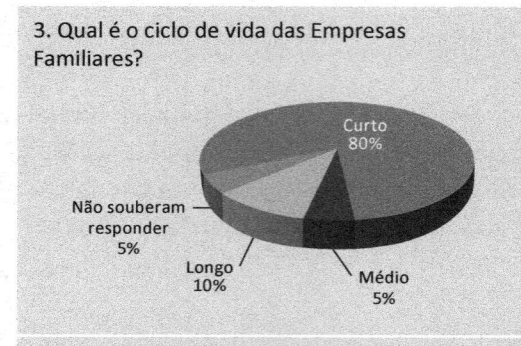

O percentual de 80% foi respondido por 94% dos gerentes das empresas de grande, médio e pequeno portes, além de 90% de supervisores/ coordenadores/ encarregados de setor, 80% de outros cargos e 49% de estudantes

4. As Empresas Familiares concorrem com igualdade de condições com as empresas não familiares?

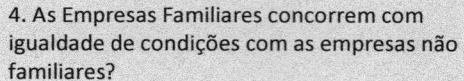

O percentual de 55% foi respondido por 80% dos gerentes das empresas de grande, médio e pequeno portes, além de 60% de supervisores/ coordenadores/ encarregados de setor, 57% de outros cargos e 25% de estudantes

5. Você selecionaria que tipo de empresa para trabalhar visando permanecer por longo prazo?

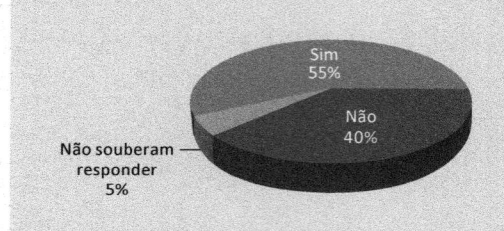
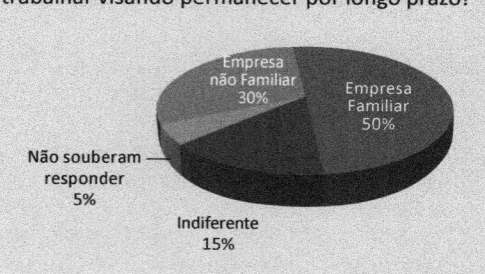

O percentual de 30% foi respondido por 45% dos gerentes das empresas de grande, médio e pequeno portes, além de 35% de supervisores/ coordenadores/ encarregados de setor, 30% de outros cargos e 12% de estudantes

Conclui-se, portanto, que a percepção apresentada pela pesquisa corrobora os cases expostos no transcorrer do livro e o posicionamento teórico desenvolvido neste estudo. É mister ressaltar que os resultados percentuais mais expressivos não são de estudantes, mas de profissionais de mercado, exceto na questão de número 5, o que reflete a insegurança ou instabilidade de perenidade da Empresa Familiar.

## ASPECTOS POLÊMICOS (*Latim = Controversum Volticulos*)

Partindo do pressuposto de que para estar no mercado o empreendimento terá que ter qualidade, então o que é que faz a diferença no mundo em que a informação é obtida e compartilhada por todos e no tempo quase real? Uma frase prática resume toda essa teoria filosófica:

*"O cliente paga o preço do bem ou serviço, mas espera receber o valor." (Kaufman, 2012)*

Ao perceber que há diferença entre o conceito de preço e valor, o empresário começará a dar importância à teoria da *CRIAÇÃO do VALOR* e, em consequência, mesmo que empiricamente, estará contribuindo para a perpetuação *DO NEGÓCIO* e adotando a teoria do ciclo de vida do professor Abner Mesquita.

Diante da reflexão exposta, este estudo sugere que a teoria da *CRIAÇÃO do VALOR* não seja uma palestra proferida pelo fundador aos funcionários, mas que seja transformada em procedimentos internos. E, dessa forma, todos estarão praticando-a sem sentir, pois passa a ser parte integrante de uma atividade.

A própria percepção do mercado sobre Empresa Familiar é colocada em segundo plano em relação às empresas não familiares, principalmente ao aspecto ciclo de vida.

## QUESTIONAMENTO

1. Por que a Empresa Familiar possui tamanha representatividade no mercado em todos os aspectos?
2. Se a Empresa Familiar é tão expressiva, por que o ciclo de vida é curto?
3. Você concorda com a teoria do ciclo de vida apresentada pelos autores? Por quê?

## LITERATURA COMPLEMENTAR

1. Bethlem AS. Estratégia Empresarial: Conceitos, processo e administração estratégica. São Paulo: Atlas; 2008.
2. Ghoshal S. Estratégica e Gestão empresarial: construindo empresas de sucesso. Rio de Janeiro: Elsevier; 2004.

# Fase de Implantação

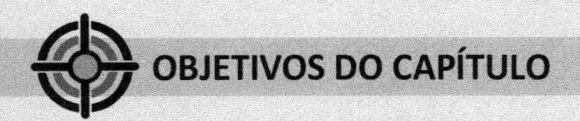

**OBJETIVOS DO CAPÍTULO**

a. Conceito de Fase de Implantação.
b. As características básicas.
c. Entendimentos das relações do plano *DO NEGÓCIO e NO NEGÓCIO*.
d. As principais etapas da pré-implantação.

O leitor deve estar dizendo que é só contratar um profissional ou copiar as informações constantes nos *sites* disponíveis acerca das despesas, dos custos e do plano de viabilidade econômico-financeira de uma empresa que se implanta um negócio. Esse é um dos principais erros ao iniciar um negócio. Assumir riscos calculados é diferente de ser imprudente.

## ■ PLANO DO NEGÓCIO E NO NEGÓCIO

Entende-se como sendo a análise de viabilidade econômico-financeira de um "sonho" com o objetivo de enquadrá-lo numa das classificações econômicas existentes no CNAE – Código Nacional de Atividade Econômica. É uma das fases mais importantes após o "sonho" de idealização *DO NEGÓCIO*. A análise de viabilidade econômico-financeira deve abranger o *lato sensu* da terminologia econômico-financeira, pois se trata não apenas de aspectos de valor, alguns são abstratos e importantíssimos. A maior parte das empresas consultadas iniciou suas atividades com base apenas em informações superficiais e obtidas em "fontes amadoras", inseguras, dando início a uma das características da Empresa Familiar. Sobreviveram por pura sorte até que o próprio mercado lhes exigiu um profissionalismo para manter-se; muitas não conseguiram perceber e faliram, outras demoraram muito para perceber e estão à beira da falência.

Algumas frases que resumem o conceito de planejamento ou fase de implantação são:

> *"Você não precisa investir uma fortuna nem um tempo absurdo em algo que não tem chances de dar certo e, o quanto antes descobrir se a sua ideia funcionará ou não, melhor para você". (Kaufman, 2012, p. 88)*

Objetivando não ser prolixo (extenso) a ponto de perder a essência, serão resumidas em 9 (nove) as características básicas que um plano *DO NEGÓCIO* deve contemplar, as quais serão apresentadas a seguir.

O importante é avaliar o impacto de uma resposta negativa a uma das 9 (nove) indagações que se atribuíram como sendo características de um plano *DO NEGÓCIO*.

## a. Existe demanda (consumidor) ou mercado consumidor?

Alguns autores, empresários, ficarão satisfeitos com a resposta EXISTE. Contudo, é tão importante quanto quantas vezes ele consumirá sua mercadoria/produto ou serviço, uma vez que essa relação determinará seu volume de faturamento num determinado período de tempo (hora, dia, semana, mês, bimestre, trimestre, quadrimestre, semestre e ano). Então, antes de uma resposta simples, faz-se necessário parar e avaliar detalhadamente as possibilidades antes de responder, pois a sustentabilidade se dará mediante a qualidade da resposta e dos possíveis interessados em seus produtos/serviços e se a necessidade é real, se está em crescimento ou não.

É a Receita Bruta ou Faturamento Bruto a variável que determina as demais variáveis. Em outras palavras, é o volume de vendas que determina:

- O volume de compras de matéria-prima;
- O nível de estoque de matéria-prima e produto acabado (nos casos em que o negócio exige os dois);
- O *layout* da planta industrial/comercial;
- A utilização do maquinário;
- A quantidade de funcionários necessários para atender o volume de vendas;
- A especialização da mão de obra;
- A jornada de trabalho necessária;
- A logística;
- O fluxo de caixa; e
- O resultado operacional.

## b. Existe fornecedor para viabilizar o item "a"?

Na emoção de abrir o próprio negócio, o comum é direcionar a atenção ao cliente, deixando de lado o restante da *cadeia de valor*, nesse caso específico, o fornecedor. Entende-se como fornecedor aquele que fornece algum "elemento" essencial ao desempenho da atividade fim. A título de exemplo, cito algumas modalidades de fornecedores:

- Matéria-prima;
- Manutenção de equipamentos;
- Logística;
- Informática;
- Mão de obra;
- Entre outros.

A representação da importância deste se dá, na maioria das vezes, quando, por algum motivo (fechamento, priorização de outro cliente, problema na produção, etc.), não pode lhe atender. E, na maioria das vezes, o não cumprimento do acordado é de responsabilidade do cliente, que realiza acordos e contratos com fornecedores sem antes efetuar um estudo de campo e mercado minucioso, visitando as instalações, pesquisando atuais clientes e ex-clientes, por exemplo.

## c. O negócio exige mão de obra qualificada?

Não é suficiente o cumprimento dos itens "a" e "b". A mão de obra desqualificada vem inviabilizando vários negócios. O conceito de desqualificação utilizado neste estudo é todo e qualquer descumprimento das exigências <u>mínimas</u> à operacionalidade *DO NEGÓCIO*. No intuito de ilustração, cito:

* Domínio de uma língua estrangeira;
* Conhecimento da manipulação dos produtos exigidos (conhecimento de informática, instrumentação, agronegócio, eletroeletrônico, etc.);
* Formação superior na área afim e conhecimento prévio *DO NEGÓCIO*;
* Conhecimentos de informática direcionados *NO NEGÓCIO*;
* Entre outros.

A importância da mão de obra na implantação, no estabelecimento, crescimento e perpetuação de um negócio é inquestionável. Se lermos livros, revistas e artigos especializados e focados no tema, todos deixarão claro que, para qualquer tipo de negócio, a busca pela excelência no serviço prestado (mão de obra) é o fator que proporciona às empresas o diferencial competitivo e, em muitos dos casos, responsável pelo maior custo financeiro e volume de problemas diários (que geram gastos). Assim sendo, estamos falando de parte fundamental ao processo.

Todo empresário, principalmente os localizados nas regiões Nordeste e Norte, deve estar se deparando com a escassez de mão de obra qualificada no mercado, proveniente de vários fatores, tais como: ausência da tradicional educação familiar, em que o filho não se esforça mais para nada e nem respeita mais os pais; ausência da qualidade na educação acadêmica, em que os alunos não precisam mais se esforçar para passar de ano e não respeitam mais os professores; ausência de interesse e esforço na empresa, além do não cumprimento das normas e respeito aos superiores hierárquicos. Neste momento, você deve estar se perguntando:

> *"Como irei conseguir mão de obra qualificada neste cenário atual?"*
> *(Os autores)*

Bem, comece deixando de contratar o seu diferencial pelo preço do transporte que o profissional utiliza e passe a calcular sua produtividade.

## d. Existe em algum local negócio igual ou similar?

O conhecimento prévio da existência de um negócio igual ou similar na circun-vizinhança é importante para pautar uma análise que se denomina engenharia de implantação, a qual estabelece uma avaliação detalhada dos elementos que possam ser extraídos:

Do mercado:

• Fornecedor;

• Cliente;

• Mão de obra;

• Logística;

• Entre outros.

Da constatação no local:

• Horário de maior e menor fluxo de cliente;

• Classe econômica do cliente;

• Volume de mercadoria/produto ou serviço com maior consumo;

• *Layout* existente do estabelecimento;

• *Mix* de mercadoria/produto ou serviço existente;

• Entre outros.

Lembramos que, com a globalização e o forte crescimento do *e-commerce*, a análise geográfica é alterada, deixando de ser local e passando a ser mundial. Sim, os concorrentes diretos e indiretos podem estar posicionados em qualquer locali-dade. O que é preciso entender é a necessidade da Criação de Valor para o cliente.

## e. Existem alternativas de modalidade tributária para o negócio?

O conhecimento prévio da existência de um planejamento do enquadramento tributário evita o pagamento desnecessário de tributos. Nas consultorias, identifi-quei empresas que são constituídas no regime tributário de Sociedade Limitada, mas que poderiam estar no regime tributário Simples, em que a carga tributária é muito menor.

A seleção de um regime tributário coerente com a atividade econômica de uma empresa deve considerar, a princípio:

• Se a atividade econômica da empresa possibilita a mobilidade de enquadramento nos diversos regimes tributários;

- Se a previsão de faturamento anual da empresa é superior a R$ 2.400.000,00;
- Se a empresa operar no comércio, terá que analisar a possibilidade da não transferência de crédito tributário do ICMS para quem comprar suas mercadorias. O regime SIMPLES não permite a transferência;
- Se a empresa terá mais de 2 (dois) funcionários.

Para mais informações, recomenda-se consultar o endereço eletrônico http://www.receita.fazenda.gov.br/pessoajuridica/dipj/2005/pergresp2005/pr108a200.htm.

## f. Existe a disponibilidade de aporte de capital próprio ou de terceiro?

Alguns leitores devem estar se perguntando se a melhor solução é não se endividar antes mesmo de iniciar o negócio. Este é o paradigma comum, porém equivocado. É importante que sejam estudadas as possibilidades disponíveis de capital.

## g. A gestão DO NEGÓCIO será profissional (de terceiros) com o controle próprio?

Desde a fase de determinação *DO NEGÓCIO*, deve ser estabelecido de que forma será a gestão da empresa (vide Capítulo 7).

## h. Existe sindicato?

O conhecimento prévio das cláusulas existentes na convenção coletiva da classe que rege os trabalhadores inerentes ao negócio facilitará o entendimento dos gastos, formação do preço e consequente lucratividade. A título de exemplo, cito que algumas categorias exigem do empregador:

- O fornecimento gratuito de alimentação específica do café da manhã;
- O Equipamento de Proteção Individual – EPI especificado na convenção;
- O horário de trabalho reduzido nas sextas-feiras;
- Entre outros.

## i. O negócio terá o objeto de empreendimento ou especulação?

É comum presenciar alguns empresários, jornalistas e até autores de livros confundirem um profissional de sucesso e rotulá-lo de empreendedor. Mas, ao analisar, depara-se com outra classificação que é a de especulador. O conceito é muito importante para a elaboração do plano de negócio e do modelo estratégico a ser implantado. Para o empreendedor, o tempo de duração *DO NEGÓCIO* é indeterminado e próspero. Para o especulador, o tempo de duração é determinado pelo dia da alienação *DO NEGÓCIO*.

Faz muita diferença, por exemplo, se o tempo é determinado, pois o proprietário não tem preocupação com:

- A qualidade do maquinário;
- A qualidade da matéria-prima;
- A qualidade do fornecedor;
- A qualificação da mão de obra.

Em síntese, só possui o mínimo necessário para a operacionalidade *DO NEGÓCIO*.

 ## PESQUISA DE PERCEPÇÃO

A pesquisa realizada objetiva corroborar os *cases* analisados durante as consultorias efetuadas. A metodologia empregada foi o questionário de múltipla escolha e a amostra foi selecionada por meio do critério não probabilístico denominado amostra por conveniência ou acessibilidade (o pesquisador seleciona membros da população mais acessíveis). A amostra resultou em 100 (cem) alunos da pós-graduação com o seguinte perfil:

- 3% Gerentes de empresa de grande porte
- 5% Gerentes de empresa de médio porte
- 10% Gerentes de emresa de pequeno porte
- 48% Supervisores/Coordenadores/Encarregados de setor (cargo imediatamente abaixo de gerência)
- 10% Outros cargos
- 24% Estudantes
- 100% Total

A percepção da importância do Plano de Negócio da Empresa Familiar para economia expressa em questionários:

| REPRESENTAÇÃO GRÁFICA DAS RESPOSTAS OBTIDAS | ANÁLISE QUALITATIVA |
|---|---|
| 1. A Empresa Familiar utiliza das mesmas ferramentas de gestão da empresa não familiar? 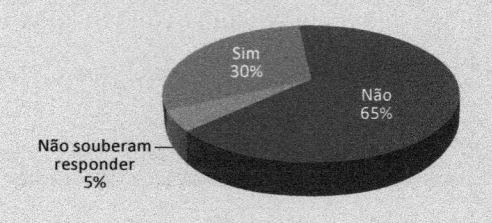 | O percentual de 65% foi respondido por 88% dos gerentes das empresas de grande, médio e pequeno portes, além de 82% de supervisores/ coordenadores/ encarregados de setor, 45% de outros cargos e 20% de estudantes |
| 2. A gestão da Empresa Familiar em relação as outras empresas não familiares é percebida como? 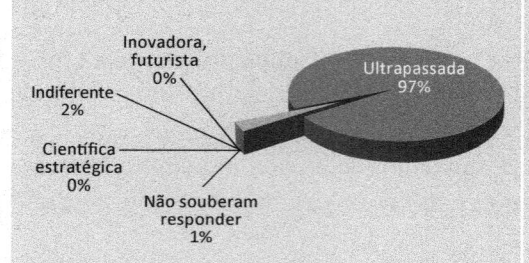 | O percentual de 97% foi respondido por 100% dos gerentes das empresas de grande, médio e pequeno portes, além de 99% de supervisores/ coordenadores/ encarregados de setor, 95% de outros cargos e 89% de estudantes |
| 3. O Plano de Negócio é utilizado na Empresa Familiar? 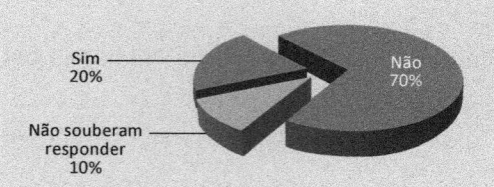 | O percentual de 70% foi respondido por 92% dos gerentes das empresas de grande, médio e pequeno portes, além de 88% de supervisores/ coordenadores/ encarregados de setor, 52% de outros cargos e 27% de estudantes |
| 4. A Empresa Familiar em relação as demais empresas é percebida? 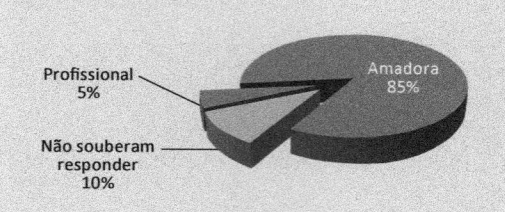 | O percentual de 85% foi respondido por 96% dos gerentes das empresas de grande, médio e pequeno portes, além de 90% de supervisores/ coordenadores/ encarregados de setor, 88% de outros cargos e 65% de estudantes |

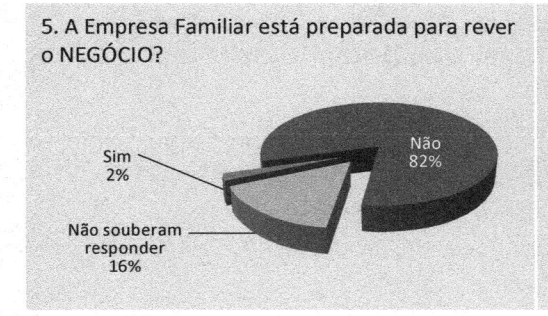

5. A Empresa Familiar está preparada para rever o NEGÓCIO?

Sim 2%

Não 82%

Não souberam responder 16%

O percentual de 82% foi respondido por 96% dos gerentes das empresas de grande, médio e pequeno portes, além de 88% de supervisores/ coordenadores/ encarregados de setor, 72% de outros cargos e 62% de estudantes

Conclui-se, portanto, que a percepção apresentada pela pesquisa corrobora os *cases* expostos no transcorrer do livro e o posicionamento teórico desenvolvido neste estudo. É mister ressaltar que os resultados percentuais mais expressivos por toda a amostra refletem a possível fragilidade da Empresa Familiar na gestão *NO NEGÓCIO*.

## ASPECTOS POLÊMICOS (*Latim = Controversum Volticulos*)

A contratação do profissional que fará a análise de viabilidade é realizada pelo critério menor preço, desconsiderando a competência técnica e a experiência profissional no trabalho contratado, resultando em:

**Pleno amadorismo** – Negligenciar a fase anterior à constituição do negócio;

**Projeto de Viabilidade incompleto** – Inconsistência nas premissas e nas variáveis fundamentais.

Outro aspecto determinante para o fracasso é subestimar as etapas de implantação dos planos:

• Viabilidade econômico-financeira;

• *DO NEGÓCIO e NO NEGÓCIO*;

• Além das considerações dos conflitos de interesses.

A seguir, algumas frases de Kaufman (2012) que ressaltam a importância dos planos:

> *"É um desperdício criar algo que ninguém quer."*
> *"Algumas horas dedicadas na avaliação podem poupar meses (ou anos) de frustração e empenho na ideia errada."*

Recomenda-se amadurecimento da análise de viabilidade da "ideia", a qual não possui tempo específico, pois, se o negócio for aberto sem essa etapa, existe uma grande probabilidade de iniciar já com um problema a ser resolvido além dos problemas naturais da própria gestão *NO NEGÓCIO*. Faça várias simulações de cenários econômicos com profissionais competentes. Recomenda-se ter sempre um plano B (alternativo) para cada um dos 9 (nove) itens mencionados neste tópico.

## QUESTIONAMENTO

1. Qual é a diferença conceitual entre plano *DO NEGÓCIO* e *NO NEGÓCIO*?
2. Em que o plano *DO NEGÓCIO e NO NEGÓCIO* interfere no resultado operacional?
3. Por que a identificação das 9 (nove) características do plano *DO NEGÓCIO* contribui no sucesso da Empresa Familiar?

## LITERATURA COMPLEMENTAR

1.  Souza Silva JC. Gestão Empresarial: Administrando Empresas Vencedoras. São Paulo: Saraiva; 2006.

2.  Santos RC. Manual de Gestão Empresarial. São Paulo: Atlas; 2007.

# Estratégia *do Negócio* e *no Negócio*

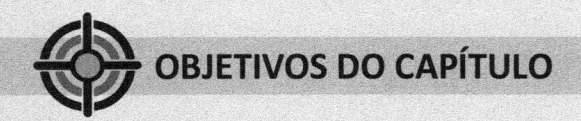

**OBJETIVOS DO CAPÍTULO**

a. Conceito de estratégia *DO NEGÓCIO* e *NO NEGÓCIO*.
b. A estratégia focada no ambiente externo.
c. A estratégia focada no ambiente interno.

## ■ CONCEITO

A etimologia da palavra estratégia é originária do latim *strategia*, que por sua vez tem origem no grego antigo στρατηγία (*strategía*), que possui significados bastante diferentes na forma e semelhantes na essência. Cito alguns autores:

> *"O processo de construção do futuro, aproveitando competências fundamentais da empresa." (Hamel e Prahalad, 1995).*
> *"O padrão de alocação dos recursos para realizar os objetivos da organização." (Bateman e Snell, 1996).*
> *"Estratégia é a seleção dos meios para realizar objetivos adotando tal prática, buscando resposta em autores especialistas". (Maximiano, 2006).*

O conceito de estratégia que este estudo adotou é a estrutura lógica capaz de atender ao objetivo preestabelecido no menor espaço de tempo, utilizando o mínimo de recursos necessários, com o menor esforço despendido, respeitando as condições de todos os ambientes e com condições de prever as causas e os efeitos antes, durante e após a implantação, mesmo que estes sejam probabilísticos. O conceito deste livro é bastante vasto e por isso criticado com os conceitos de planejamento adotados pelos diversos estudiosos. Respeito, mas aceito o desenvolvido neste livro, uma vez que, na prática, o planejamento exige a estratégia e a estratégia, por sua vez, exige o planejamento. Se adentrarmos o campo filosófico, estaria discutindo que ambos os conceitos são parte integrante de um todo e que sua natureza é não excludente (originário do latim *excludens* = excluir).

O motivo principal de ter estratégia ou da existência da estratégia é sintetizado na frase:

> *"Se nós não planejarmos o nosso futuro, outros o farão para nós, por nós ou, pior... Contra nós." (Costa, 2008, p. 10).*

Precisamos relembrar que os últimos anos foram marcados por contínuas mudanças na forma de gerenciar das empresas em todo o País. A globalização acelerou a necessidade de as empresas se tornarem mais competitivas, pois a concorrência deixou de ser local, provinciana. No passado os senhores de engenho determinavam a ordem das coisas e, no passado recente, as famílias de posse e os empresários locais determinavam a regra do jogo. Esse corte a *laser* na relação oferta e demanda mundial vem provocando a necessidade real de melhorias contínuas nas empresas, sejam de pequeno, médio ou grande portes, o que gerou um grande tumulto empresarial. Muitas empresas passaram a se agarrar a qualquer promessa que lhes possibilitasse melhorias, empregando uma técnica que se tornou lugar comum no ambiente empresarial, o uso do *benchmark* (comparação a partir de um modelo padrão). Porém, é de fundamental importância entender que o seu negócio é diferente dos outros negócios, mesmo que tenha o mesmo ramo de atividade e público-alvo, precisando, assim, muito mais do que copiar uma receita de bolo que deu certo para alguém e acreditando que isso salvará sua vida. É preciso criar um direcionamento estratégico, embasado na coleta, no tratamento, análise e distribuição de informações de todos os *stakeholders* (partes interessadas) envolvidos no processo.

> *"A estratégia sem tática é o caminho mais lento para a vitória. Tática sem estratégia é o ruído antes da derrota." (Claret, 2002)*

Em Oliveira (2010, p. 7), a estratégia ocorre dentro de 7 (sete) características definidas, a saber:

a.  Senso crítico;
b.  Interdependência sistêmica;
c.  Incerteza;
d.  Risco;
e.  Criatividade;
f.  Iniciativa; e
g.  Conflito

Oliveira (2010): Características da decisão estratégica

Com base nos conceitos apresentados, pode-se concluir que a estratégia é composta de variáveis controláveis e variáveis não controláveis. Dessa forma, a estratégia só existirá em sua plenitude na cultura organizacional em que já se encontra instalada e na qual existam profissionais com habilidades mínimas exigidas, pois o cenário (cadeia de valor) é mutável e intempestivo, o que torna a estratégia mutante.

As grandes dificuldades da Empresa Familiar são exatamente os elementos fundamentais para a estratégia:

- Cultura organizacional. O fundador ou o principal executivo não repassam de forma clara os objetivos da empresa, o que é diferente de meta.

- Funcionários com habilidade mínima exigida *NO NEGÓCIO*. A Empresa Familiar está preocupada apenas com o funcionário de menor salário, em detrimento da qualificação.

O âmago da estratégia é antever a mutação do cenário, e não adequar as estratégias às mudanças do cenário.

A representação gráfica que se apresenta guarda a essência das demais representações constantes nos vários autores que abordaram a estratégia, porém é uma visão nossa. Como foi mencionado anteriormente, o futuro é objetivo, o objeto é o passado e o presente. A representação gráfica em círculo demonstra que sempre será objeto o futuro, mesmo que esteja no presente, o presente será o passado. O histórico de tempo, expurgados os efeitos específicos ocorridos apenas em um determinado período, é muito útil para análise de cenários e projeções. Os erros e as dificuldades do "novo" ocorridos no passado e presente não serão mais repetidos no futuro.

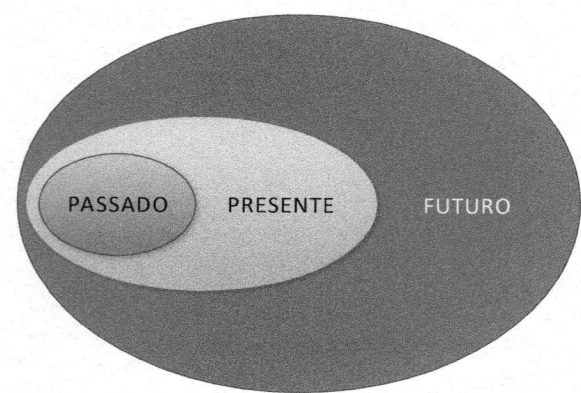

Fonte: O autor

Para tratar de estratégia, optou-se por 2 (dois) tópicos: o ambiente externo e o ambiente interno. Esta restrição apresenta um diferencial ao leitor, pois nos tópicos serão abordados os casos práticos identificados nas consultorias e que se diferenciam do conceito de estratégia adotado neste estudo.

## ■ AMBIENTE EXTERNO

Entende-se por ambiente externo parte da cadeia de valor (é um conjunto de atividades desempenhadas por um empreendimento desde a matéria-prima, o fornecedor, o processo de produção, as vendas, até atingir a fase de distribuição final: o cliente) na qual o empreendimento está inserido.

Inicia-se esse tema ressaltando uma frase do livro a Arte da Guerra:

> *"Aqueles que desconhecem as condições das montanhas e das florestas, dos desfiladeiros perigosos, dos sapais e dos pântanos não podem dirigir um exército em marcha". (Claret, 2002, p. 51).*

Se os principais executivos desconhecem o cenário onde está inserido o empreendimento, jamais existirá estratégia e sim cumprimento de procedimento e alcance de metas. A estratégia focada no ambiente externo objetiva, neste estudo, 3 (três) fatores:

I.   Permanecer no mercado;

II.  Aumentar a *market share* (participação no mercado);

III. Fortalecer a marca para a cadeia de valor.

Em síntese, a essência do conceito de estratégia do ambiente externo reside em fazer ser reconhecido e não gastar esforços desnecessários para forçar alguém a lhe reconhecer.

> Si vis pacem, para bellum. *A tradução para o português: se quer a paz, prepare-se para a guerra. (Os autores)*

Nessa etapa a empresa deve ter pleno conhecimento de todas as possíveis influências dos stakeholders sobre seu negócio. Para gerar esse conhecimento, faz-se necessário muito mais do que *feeling* e pesquisa com amigos que possuem negócios que "deram certo". Faz-se necessária uma análise aprofundada embasada em dados mensuráveis e reais do segmento de mercado ao qual pertence e dos demais segmentos que estão indiretamente ligados.

## Caso 01

Um determinado dia João estava de férias e aguardava sua conexão em outro país. O saguão do aeroporto estava cheio, centenas de passageiros aguardavam seus voos, pois essa cidade era o local de todas as conexões de voos para o Brasil. De repente, uma pessoa acompanhada de sua família aproximou-se dele e indagou: Você é o professor João, da disciplina "XYZ", do curso "α", da faculdade "tal", da unidade localizada no bairro "β". E João respondeu: Sim. O interlocutor exclama: Pai! Mãe! Minha esposa e meus filhos! Este é o melhor professor da disciplina "XYZ", no curso "α" que existe em "β".

## Moral da história

- João foi RECONHECIDO dentre milhares de passageiros com traje de férias em outro país;
- A pessoa que RECONHECEU João pertencia à cadeia de valor dele;
- O interlocutor fez questão de apresentar {se ele os chamou é porque não estavam próximos, ou seja, fez questão de apresentar (Fazer Conhecer)} João à sua família (o elo social mais íntimo). Ninguém apresenta (Fazer Conhecer) alguém ou algo que não tenha valor (diferente do conceito de Preço);
- Apresentou João à sua família pelos atributos:
  a. O melhor;
  b. Especificou o produto/serviço = da disciplina "XYZ";
  c. Especificou o rótulo do produto/serviço = curso de "α";
  d. Especificou a marca = Faculdade "Tal";
  e. Especificou a localidade onde é encontrado o produto/serviço = em "β".

Diante dessa preleção (latim *praelectio* = discurso) lúdica, pode-se verificar a essência das características (os atributos) da estratégia do ambiente externo. João não se apresentou em nenhum momento, quem o apresentou foi quem o RECONHECEU.

Dessa forma, é prudente que se façam algumas indagações:

✓ O ambiente externo o RECONHECE?

✓ Se o RECONHECE, é pelos atributos que você planejou para ser reconhecido?

✓ O que você pode fazer para ser RECONHECIDO?

O básico da estratégia do ambiente externo é ter conhecimento de:

a. Matéria-prima – Por que ter esta e não outra?
  • E se o seu concorrente não adotar a mesma que a sua?

b. Fornecedor – Até onde você terá que permanecer com ele?
  • Estudar a possibilidade de ele depender de você, e não o contrário.

c.  Concorrente – Opera nas mesmas condições que a sua? Por que os preços são menores?

- O ideal é que você analise constantemente:
  - Quem são seus concorrentes?
  - Quais dos concorrentes são os líderes?
- Estabeleça um *ranking* de hierarquia de ameaça, pelo poder de influenciar o mercado (volume de compra, determinar preço, financiar as vendas, etc.):
  - Maior concorrente;
  - Médio concorrente;
  - Baixo concorrente;
  - Nenhuma ameaça.
- Quais são os pontos fortes e fracos do seu concorrente?
- O que você pode melhorar em relação ao seu concorrente sem ter que gastar muito?
- As diferenças existentes em seus concorrentes dependem da dinâmica *DO NEGÓCIO*.

d.  Fator Econômico ou Político – O executivo principal e o empresário devem ficar atentos diariamente aos noticiários dos assuntos inerentes ao *NEGÓCIO* e, se possível, filiar-se ao órgão de classe.

- A filiação ao órgão de classe proporciona informações prévias de mudanças que afetarão *NO NEGÓCIO*, bem como cria uma força (vários empresários unidos em prol de um único objetivo) para fazer *lobby* (do inglês antessala = atividade de pressão de grupos com o objetivo de interferir diretamente nas decisões do poder público), frente aos políticos em benefício próprio.

e.  Fator Religioso – Se o seu empreendimento (missão e visão) contraria a religião predominante no local da instalação do mesmo, quer seja loja, escritório ou fábrica.

- Ter o cuidado de verificar se algum atributo essencial está se opondo à cultura religiosa predominante, pois em caso afirmativo seu empreendimento está fadado ao fracasso. Não se deseja que o empresário seja hipócrita (não agir de acordo com as ideias que demonstra ter), mas que tenha ciência do impacto que esse aspecto causa na cadeia de valor do seu empreendimento.

f.  Fator Costumes Locais – O empreendimento respeita os costumes locais ou está em oposição a eles.

- Respeitar, por exemplo: os feriados locais, a vestimenta, a gastronomia, horários de trabalho, entre outros. Passou a ser comum observar várias empresas de franquia que instalam empreendimentos com o padrão oposto aos costumes locais e fracassam ou têm que modificar a estrutura padrão.

g. Fator Ambiental – Todos estão direcionados a "tentar" respeitar e ser reconhecidos por tal.

- Pode-se assistir, nas diversas formas de comunicação, as empresas despendendo esforços e recursos financeiros para aproximar sua marca à preservação do meio ambiente, pois essa geração pós-ano 2000 possui como atributo a preservação do meio ambiente, em primeira instância, e consequentemente de si mesmo. O reciclável, o biodegradável, a energia limpa e os assemelhados são os atributos eleitos para serem agregados às marcas dos empreendimentos de sucesso.

O objeto-fim deste estudo não é demonstrar o passo a passo, nem tem a pretensão de ser um livro de autoajuda mas, sim, trazer uma reflexão acerca dos assuntos abordados, bem como proporcionar um direcionamento teórico dos temas abordados de modo que contribua para a formação de uma ideia própria do leitor, tornando-o aberto à realidade que o circunscreve.

A análise SWOT do inglês: *Strengths* (pontos fortes), *Weaknesses* (pontos fracos), *Opportunities* (oportunidades) e *Threats* (ameaças para seu negócio) foi desenvolvida pelos professores da Universidade de Stanford, na Califórnia, Estados Unidos da América, como ferramenta estratégica. É muito utilizada nas empresas de grande porte. Atualmente a utilização não depende do porte da empresa e sim do grau de conhecimento e experiência do gestor.

| | Contribui para estratégia da sua empresa | Dificulta a estratégia da sua empresa |
|---|---|---|
| Aspectos Internos | S: Quais são os pontos fortes do seu negócio? | W: Quais são os pontos fracos do seu negócio? |
| Aspectos Externos | O: Quais são as oportunidades para o seu negócio? | T: Quais são as ameaças para o seu negócio? |

Fonte: http://coachingsp.wordpress.com/2011/05/17/modelo-7-1-analise-swot-pessoal/

O objetivo não é preencher os dados nos quadrantes indicados a seguir mas, sim, a interpretação deles. A análise dos elementos que influenciam em ambos: *DO NEGÓCIO e NO NEGÓCIO*. Entretanto, ainda que seja considerada simples, é bastante útil e prática para obter um diagnóstico a fim de identificar os "elementos" que a empresa possui como vantagens (fortes) e desvantagens (fracos), ambos em relação aos concorrentes (demais estabelecimentos existentes ou pesquisados).

Com base nos resultados obtidos, dentro das condições específicas de cada estabelecimento, a experiência comprova que só se deve alterar aquilo que não comprometerá o fluxo de caixa (financeiro) ou os compromissos existentes.

O mais importante dessa análise é que, antes de tomar qualquer decisão, é imperioso que se analise se essa alteração modificará a essência *NO NEGÓCIO*. Objetivando ilustrar a questão, a seguir apresentam-se 3 (três) *cases* vivenciados nas consultorias.

## Case 1

Ao indagar o fundador sobre o porquê de ele ter climatizado toda a loja após 10 (dez) anos de existência sem o ar condicionado, ele respondeu: o meu concorrente, que está localizado a 1 (uma) quadra daqui, possui. Perguntou-se: o senhor havia recebido alguma reclamação ou solicitação dos seus clientes nesse sentido? Ele respondeu que não. E então: o senhor realizou alguma pesquisa de satisfação com seus clientes após a referida alteração para saber o que eles acham? Ele respondeu: não.

Passados alguns dias da indagação anterior, informalmente realizei uma pesquisa para identificar o grau que esse "valor" agregou ao *NEGÓCIO*. Selecionei os clientes que mais frequentavam a loja e o resultado foi surpreendente:

1.  O que você achou da climatização da loja?

    ( ) Bom

    ( ) Excelente

    ( ) Ruim

    ( ) Indiferente

    Por quê? _____

2.  A climatização desta loja em relação ao concorrente é:

    ( ) Boa

    ( ) Excelente

    ( ) Ruim

    ( ) Indiferente

    Por quê? _____

3.  Você não compraria nesta loja se ela estivesse sem ar condicionado como esteve nos últimos 10 (dez) anos?

( ) Sim

( ) Não

( ) Não sei responder

O resultado foi surpreendente do ponto de vista científico, pois reforçou a teoria adotada neste livro sobre a diferença entre preço e valor percebido pelo cliente, abordada no Capítulo 3. A frase do cliente que marcou foi:

*"Eu moro a 2 (duas) casas da loja concorrente, mas compro nesta há 10 (dez) anos porque percebia nela a forma mais rústica, menos moderna e consequentemente os preços mais baixos, e por não ser moderna ainda existe o tratamento personalizado dos funcionários com os clientes. Fiquei receosa com a mudança, pois acreditei que ficaria igual à outra loja próxima à minha casa, o que faria perder o sentido de eu ter que me deslocar para comprar nesta". (Os autores)*

## Case 2

Um determinado estabelecimento, adotando a "onda" de modernização, implantou o atendimento via internet e denominou de autoatendimento, não levando em consideração o grau de conhecimento da informatização de cada cliente e muito menos a capacidade de seus funcionários atenderem às demandas solicitadas via internet. O cliente percebeu que, depois de implantado o autoatendimento, as solicitações, quando eram resolvidas, eram intempestivas, levando à interpretação de descaso por parte da empresa prestadora dos serviços. Esse fato foi motivo de muitas ações judiciais no PROCON e pelo próprio Ministério Público em relação a várias empresas que o utilizavam: TV a cabo, telefonia móvel, instituição financeira, entre outras.

## Case 3

Um restaurante tradicional com mais de 20 anos de existência na prestação de serviço à *la carte* (de acordo com o menu) resolveu adotar a modalidade de atendimento *self service* (serviço próprio ou de si ou autoatendimento), objetivando aumentar o faturamento e reduzir os custos com garçons, suportado na observação de que os diversos restaurantes pertencentes à circunvizinhança operavam com essa modalidade de serviço. No mês em que implantou o faturamento da modalidade à *la carte*, gerou-se insatisfação dos clientes pela enorme morosidade nas filas para pesar o prato e para pagar o consumo. O autoatendimento, por si só, gera rapidez na formação do prato e exige uma quantidade suficiente capaz de pesar o prato em tempo hábil, bem como exige uma quantidade de caixa para os clientes efetuarem o pagamento.

Ao realizar uma pesquisa com os clientes, observou-se 2 (duas) características muito distintas: o cliente que defende o *self service* e o que só consome à *la carte*. O resultado corrobora a introdução desse tema e a teoria da criação de valor. A pesquisa consistia em questionar isoladamente cada grupo (*à la carte* e *self service*) sobre a existência das 2 (duas) modalidades de serviços.

Ao questionar os clientes que frequentavam a modalidade à *la carte* sobre o que eles achavam da implantação da modalidade *self service*, o resultado foi:

> *"Esta modalidade trouxe para o mesmo ambiente pessoas que não detêm o poder aquisitivo para frequentar e muito menos consumir o serviço à la carte. Estou procurando outro restaurante que só oferte o serviço à la carte aqui próximo, estou vindo com menos frequência que vinha antes." (Os autores)*

Ao questionar os clientes que frequentavam a modalidade *self service* sobre o que eles achavam da implantação da modalidade *self service*, o resultado foi:

> *"É um restaurante muito bem conceituado na sociedade e bastante frequentado pelos membros de destaque da sociedade ou por executivos de grandes empresas... A modalidade self service proporciona associar o útil (saciar a fome) ao agradável (frequentar este ambiente)." (Os autores)*

Mais uma vez estamos frente a um aspecto da essência do objeto fim *NO NEGÓCIO*. Estabelecendo no plano de negócio o público-alvo a ser atendido, ao modificá-lo você poderá estar modificando também a essência *NO NEGÓCIO*. O exemplo clássico dessa hipótese reside nesse *case* 2. Ao analisar a percepção dos clientes atendidos por ambas as modalidades de serviços, identificamos que a estratificação é o elemento central que interferirá no faturamento.

Alguns exemplos de apresentação da metodologia de pesquisa simples das vantagens e desvantagens de um estabelecimento qualquer em relação ao concorrente:

1. Estabelece-se o "elemento" a ser pesquisado: ameaça, preço, embalagem, estacionamento, etc.;

2. Estabelecem-se os critérios de avaliação: nenhum ou indiferente; baixo ou fraco; médio ou moderado; e alto ou forte;

3. Identificam-se quais os concorrentes objetos da pesquisa: A, B, C... N;

4. Conclui-se fazendo uma tabela resumo com o nome do concorrente que obteve a melhor avaliação por cada "elemento" pesquisado;

5. Fazer uma autoanálise dos resultados obtidos em relação ao estabelecimento que originou a pesquisa;

6. Fazer uma pesquisa de satisfação com os clientes do "elemento" que deseja alterar, antes de implantar;

7. Fazer uma análise detalhada da consequência da alteração do "elemento" que julgar necessário mudar, inclusive com a essência descrita no plano de negócio;

8. Fazer um cronograma de alteração no "elemento" que julgar necessário mudar, considerando principalmente o impacto no fluxo de caixa;

9. Fazer uma pesquisa de satisfação com os clientes do "elemento" alterado.

A seguir, apresento um modelo simples, derivado da teoria SWOT e algumas sugestões de questionamentos:

a. Quanto à AMEAÇA

| | Nenhuma | Baixa | Média | Alta |
|---|---|---|---|---|
| Concorrentes "A" | | | | |
| Concorrentes "B" | | | | |

CONCORRENTES

b. Quanto ao PREÇO

| | Indiferente | Fraco | Forte |
|---|---|---|---|
| Concorrentes "A" | | | |
| Concorrentes "B" | | | |

PREÇO

c.  Quanto ao PRODUTO DO CONCORRENTE

| | Indiferente | Fraco | Forte |
|---|---|---|---|
| Concorrentes "A" | | | |
| Concorrentes "B" | | | |

(PRODUTO)

A título de sugestão, apresento alguns possíveis "elementos" de análise para tomada de decisão *NO NEGÓCIO*:

• Quanto à acessibilidade (deficiência física);

• Quanto à localização (fácil acesso);

• Quanto ao estacionamento;

• Quanto à forma de pagamento (aceitação de vários cartões de crédito);

• Quanto à política de desconto;

• Quanto à entrega em domicílio;

• Quanto ao horário de funcionamento;

• Quanto à agilidade no atendimento;

• Quanto à quantidade de funcionários;

• Quanto ao metro quadrado utilizado;

• Quanto à variedade de produtos/serviços;

• Quanto à apresentação dos funcionários; e

• Quanto à higiene da empresa.

## ■ AMBIENTE INTERNO

Este tópico, a princípio, pode dar a impressão de ser redundante, porém trata do início da admissão dos funcionários.

Os valores da empresa devem ser aceitos e não apenas adotados, para atender às exigências de certificação de qualidade ou mesmo para atender ao modismo da ciência administrativa de afixar placas indicativas da missão e da visão da empresa, sem que nenhum funcionário tenha conhecimento do conteúdo, do seu significado para a empresa e muito menos os pratique.

*"Em um determinado dia, em plena consultoria numa empresa familiar muito conceituada em um shopping center, na cidade de Recife/ PE, deparei-me com um funcionário executando suas atribuições totalmente em desacordo com a missão e a visão da empresa, as quais estavam afixadas na parede logo atrás dele. Indaguei sobre o que estava escrito nas placas e de imediato me informou: estes 2 (dois) quadros são para atender a exigência da qualidade, estou na empresa há 3 (três) anos, mas ninguém nunca o observou a não ser o senhor". (Os autores)*

Existe uma relação muito estreita entre este tópico e o Capítulo 2: Conflitos de Interesses. Caso haja um conflito de interesse entre o funcionário e os valores da empresa, o objetivo da estratégia jamais será alcançado. Dessa forma, sendo o conflito de interesse dos funcionários um elemento dinâmico e mutável, deve ser avaliado constantemente.

## ESTRATÉGIA NO NEGÓCIO

A estratégia *NO NEGÓCIO* é basicamente o desempenho da empresa. O conceito de desempenho, neste estudo, é sempre um resultado relativo. É a comparação do resultado de um procedimento que pode ser mensurado. O trecho do livro A Arte da Guerra que é apresentado a seguir sintetiza essa temática:

*"As quantidades resultam de medições, os números, das quantidades, as comparações, dos números e a vitória, das comparações". (Claret, 2012)*

O desempenho mencionado deve ser um subprocesso do processo denominado estratégia. Em outras palavras, o conjunto das ações internas deve ser igual ao objetivo maior: estratégia.

Muitos empreendimentos resultam em fracassos devido a esse fundamento. Parece óbvio. Todavia, todas as empresas pecam nas coisas óbvias.

Foi constatada em várias Empresas Familiares a elaboração de brilhantes estratégias empresariais com o *staff* empresarial, mas pecavam, pois os funcionários pertencentes aos estratos funcionais táticos (do grego *taktiké* ou *téchne* = é qualquer componente de uma estratégia e pelo qual será atingida a estratégia desejada) executam ações que não estão alinhadas com a estratégia definida pelo estrato funcional do *staff* de Gerente e Direção.

A informação da estratégia deve ser filtrada de acordo com o grau de funcionalidade de cada funcionário, pois a capacidade de entendimento de cada estratificação é que determina o sucesso idealizado.

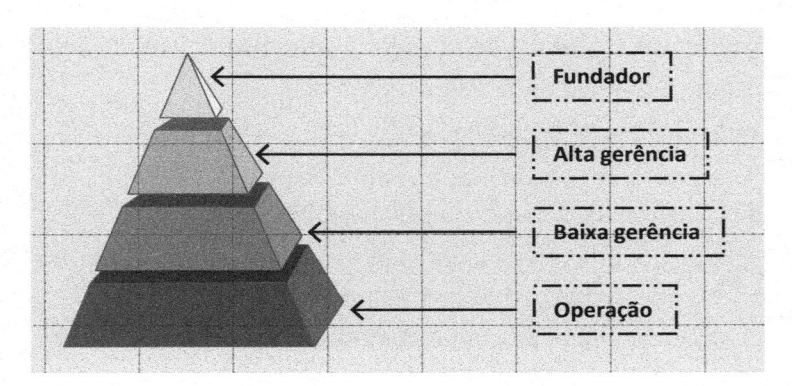

Fonte: Os autores.

A mensuração do desempenho deve ser realizada mediante o estabelecimento de metas (algo a ser atingido). A avaliação ou mensuração da meta deve ser realizada *TEMPESTIVAMENTE* (em tempo hábil), para que possibilite a correção ao longo do tempo, de forma a não desviar do objeto a ser atingido.

## Case

Contratado por uma Empresa Familiar para uma consultoria nas áreas de reestruturação organizacional e implantação da cultura da gestão por orçamento, ao iniciar o levantamento dos dados necessários, foi constatada a existência de uma estrutura organizacional definida e da utilização de um sistema informatizado de orçamento. A consultoria foi suspensa e foi agendada uma reunião com o fundador, que foi o contratante da consultoria. Nessa reunião foi comunicada ao fundador a existência de ambas as solicitações objetos da proposta de consultoria e que esta não se fazia mais necessária. O fundador retrucou, "mas não funciona, o que eu devo fazer?". Nesse caso, deveria ser realizada uma consultoria direcionada à revisão dos procedimentos do orçamento desde as premissas, a metodologia matemática e os treinamentos aos funcionários até a mensuração do grau de aceitação dessa cultura organizacional.

Antes de expor o resultado da consultoria, é mister ressaltar que, ao analisar o comportamento das vendas, faturamento bruto e dos gastos (despesas e custos) de uma forma geral, identificou-se que mesmo expurgando os efeitos inerentes ao produto e à atividade econômica, houve uma redução do volume de vendas e um aumento significativo nos gastos após a implantação do modelo de gestão por orçamento. Ademais, ao analisar os aspectos subjetivos como motivação, comprometimento e satisfação no que faz, com quem faz e no local onde faz, esse resultado foi ainda pior.

Em síntese, foram identificados os seguintes pontos polêmicos:

a. Critério de definição da meta de uma forma geral

   a.1. As metas eram inatingíveis;

   a.2. As metas eram estabelecidas pela alta gerência sem o compartilhamento dos funcionários responsáveis por atingi-las.

b. Recursos estruturais insuficientes para os funcionários, que eram responsabilizados pelo cumprimento da meta

   b.1. O vendedor vendia, mas como só existia um único caixa (financeiro) para receber o pagamento, as filas eram grandes e o atendimento era moroso, acarretando desistência e insatisfação do cliente.

   Obs.: Esse fato, além de não gerar venda, produz um efeito psicológico no cliente, que dificilmente retorna à empresa e muito menos a indica.

   b.2. Aumento de produtos danificados decorrente da quantidade insuficiente de funcionários para atender o prazo (hora, minuto, etc.) de armazenagem estabelecido pela meta.

c. Mão de obra desqualificada para atingir a meta estabelecida

   c.1. A meta estabelecida trazia em sua essência um maior grau de exigência "conhecimento", pois o funcionário teria que ser generalista (entender de vários procedimentos de funções diversas que antes não eram necessários).

d. Reuniões de apresentação de resultados desmotivadoras e sem propósito

   d.1. Nas reuniões, eram apresentados um *ranking* dos piores resultados obtidos e um gráfico demonstrando a ineficiência dos funcionários e setores (o que falta para atingir a meta).

   Obs.: Ao entrevistar os funcionários sobre a referida reunião, a qual possui o objetivo de alinhar as ações para o cumprimento da meta, todos foram unânimes em afirmar que na semana e principalmente na véspera da reunião ficavam tensos, e durante a reunião contavam as frações de horas para o término. Ao encerrar a reunião todos saíam estressados, cansados, tensos e desmotivados. Ao chegar em casa, os parentes e familiares exclamavam: "Pela sua cara, já sei, hoje teve aquela reunião sem futuro".

e. Cumprimento da meta

e.1. O regulamento do orçamento específico ao direito a premiação era rígido. Ouviu-se dos funcionários que atingiram 95% da meta que o que escutaram de *feedback* foi: "Vocês terão que se esforçar mais". Um funcionário continuou afirmando: "No próximo mês eu não farei qualquer esforço, prefiro receber apenas o meu salário".

Após a análise da consultoria dos fatos descritos acima, foram implantadas as seguintes medidas, nesta ordem:

1°. Revisão dos critérios e a sugestão de flexibilidade na premiação, o que motivou o cumprimento da meta. A seguir apresenta-se um modelo de premiação fracionado em estímulos financeiros. Cada empresa deve estabelecer o seu critério de acordo com a sua realidade.

**Critério de Premiação**

100% cumpriu plenamente
95% cumpriu parcialmente
90% cumpriu parcialmente

Premiação
100% terá direito a 3 salários Brutos
95% terá direito a 1,5 salários Bruto
90% terá direito a 1 salário Bruto

Fonte: O Autor

Além dessa premiação, recomenda-se que seja instituído um dia a cada trimestre, semestre ou ano para a confraternização de todo o grupo (todos os funcionários, independentemente de terem alcançado a meta), com o objetivo de parabenizar os funcionários vitoriosos. Nessa comemoração devem estar todos os gestores, CEO e, se possível, o fundador para dar credibilidade ao evento. Nessa ocasião deve ser reforçada a cultura (valores) da empresa e destacado o quanto os funcionários são parte integrante desses valores.

2°. Compartilhamento da meta com uma argumentação suportada em dados concretos, o que torna melhor o entendimento, a compreensão, o aceite e o cumprimento da meta;

3°. Alterou-se o período da realização da reunião, o que eliminou a tensão, e a reunião passou a ser construtiva (producente), originando sugestões de melhorias que resultaram no aumento do desempenho e na evolução no resultado operacional (margem líquida);

Obs.: A princípio, estabeleceram-se as reuniões semanais, e quando a cultura organizacional se consolidou, alterou-se para diária e permaneceu-se com 1 (uma) reunião mensal de fechamento.

4º. Alterou-se a essência e a forma da reunião. No início, o CEO – *Chief Executive Officer* abre a reunião agradecendo o esforço de todos, em seguida apresenta o resultado obtido no mês em questão e depois indaga os porquês de não ter atingido a meta a cada gestor, que devem apresentar um padrão de pontos positivos e os negativos e, por último, o que foi efetuado para que os pontos negativos fossem eliminados.

Foi acompanhada durante 3 (três) meses após a implantação da consultoria a execução no dia a dia da cultura organizacional para solidificar a gestão por orçamento, e os resultados obtidos foram:

- Recuperação da cultura, dos valores da Família = Empresa;
- Melhora do clima (convivência) organizacional;
- Melhora do desempenho dos funcionários;
- Melhora do resultado operacional (margem líquida) da empresa.

Diante do contexto apresentado, conclui-se que a gestão por orçamento é uma ferramenta muito delicada, uma vez que influencia na cadeia de valor e no comportamento profissional de cada funcionário e, quando mal implantada, afeta diretamente o psicológico, podendo direcionar a empresa ao fracasso.

 ## PESQUISA DE PERCEPÇÃO

A pesquisa realizada objetiva corroborar os *cases* analisados durante as consultorias efetuadas. A metodologia empregada foi o questionário de múltipla escolha e a amostra foi selecionada por meio do critério não probabilístico denominado amostra por conveniência ou acessibilidade (o pesquisador seleciona membros da população mais acessíveis). A amostra resultou em 100 (cem) alunos da pós-graduação com o seguinte perfil:

- 3% Gerentes de empresa de grande porte
- 5% Gerentes de empresa de médio porte
- 10% Gerentes de emresa de pequeno porte
- 48% Supervisores/Coordenadores/Encarregados de setor (cargo imediatamente abaixo de gerência)

- 10% Outros cargos
- 24% Estudantes
- 100% Total

A percepção da importância da Estratégia *DO NEGÓCIO* e *NO NEGÓCIO* da Empresa Familiar para economia expressa em questionários:

| REPRESENTAÇÃO GRÁFICA DAS RESPOSTAS OBTIDAS | ANÁLISE QUALITATIVA |
|---|---|
| **1. A estratégia DO NEGÓCIO E NO NEGÓCIO na Empresa Familiar é percebida pelo mercado?** 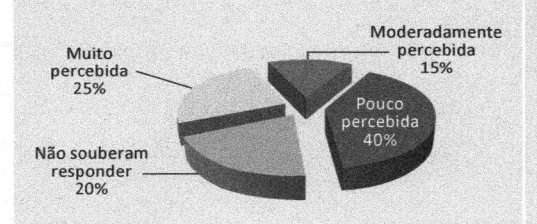 | O percentual de 40% foi respondido por 68% dos gerentes das empresas de grande, médio e pequeno portes, além de 55% de supervisores/ coordenadores/ encarregados de setor, 38% outros cargos e 10% de estudantes |
| **2. A estratégia da Empresa Familiar na cultura organizacional é percebida pelo mercado?** 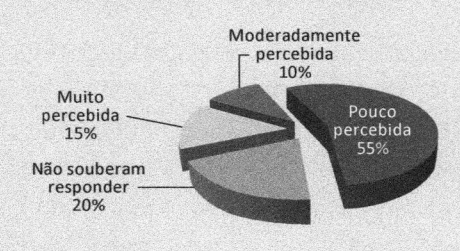 | O percentual de 55% foi respondido por 78% dos gerentes das empresas de grande, médio e pequeno portes, além de 70% de supervisores/ coordenadores/ encarregados de setor, 35% outros cargos e 18% de estudantes |
| **3. A valorização da opinião dos funcionários que não são membros da família na Empresa Familiar é percebida pelo mercado?** 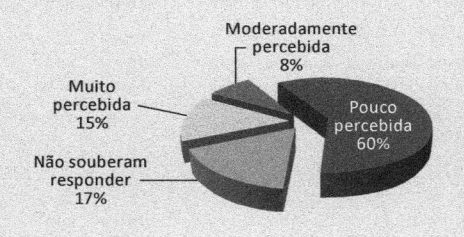 | O percentual de 60% foi respondido por 95% dos gerentes das empresas de grande, médio e pequeno portes, além de 70% de supervisores/ coordenadores/ encarregados de setor, 48% outros cargos e 18% de estudantes |

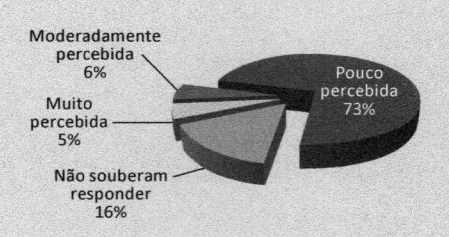

4. O acompanhamento do desempenho operacional da Empresa Familiar é percebido pelo mercado?

O percentual de 73% foi respondido por 97% dos gerentes das empresas de grande, médio e pequeno portes, além de 85% de supervisores/coordenadores/ encarregados de setor, 52% outros cargos e 38% de estudantes

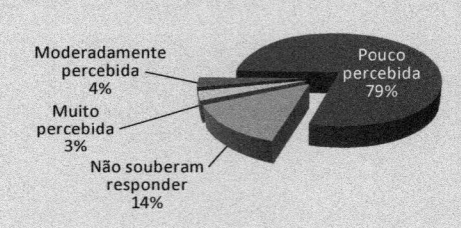

5. O comprometimento dos funcionários que não são da família com o desempenho operacional da Empresa Familiar é percebida pelo mercado?

O percentual de 79% foi respondido por 97% dos gerentes das empresas de grande, médio e pequeno portes, além de 91% de supervisores/coordenadores/ encarregados de setor, 58% outros cargos e 49% de estudantes

Conclui-se, portanto, que a percepção apresentada pela pesquisa corrobora os *cases* expostos no transcorrer do livro e o posicionamento teórico desenvolvido neste estudo. É mister ressaltar que os resultados percentuais mais expressivos por toda a amostra refletem a possível fragilidade da Empresa Familiar na Estratégia.

## ASPECTOS POLÊMICOS (*Latim = Controversum Volticulos*)

Implantar a cultura organizacional é respeitar as sugestões de melhorias dos funcionários, pois são eles os responsáveis pela operação, e ninguém melhor para propor do que aquele funcionário que está no dia a dia.

A implantação da avaliação constante (diária) do cumprimento da meta é fator decisivo do controle da estratégia *NO NEGÓCIO*.

A estratégia também é capaz de mensurar o perfil adequado dos gestores, pois muitas vezes a responsabilidade de não atingir a meta é decorrente da postura inadequada do gestor.

A pesquisa de percepção do mercado corroborou o estudo deste livro no esforço de tornar a Empresa Familiar profissional, o que não quer dizer que ela perderá a essência da Empresa Familiar, apenas terá mais controle sobre: *NO NEGÓCIO e DO NEGÓCIO.*

## QUESTIONAMENTO

1. A estratégia deve ser parte integrante do plano *DO NEGÓCIO e NO NEGÓCIO?*
2. Por que é necessário distinguir a estratégia nos ambientes Externo e Interno?
3. A estratégia deve ser revista (reavaliada) quando e por quê?

## LITERATURA COMPLEMENTAR

1. Gomes LFAM. Tomada de Decisão Gerencial: Enfoque Multicritério. São Paulo: Atlas; 2009.
2. Robbins SP. Administração: Mudanças e Perspectivas. São Paulo: Saraiva; 2000.

# Controle no
# Negócio

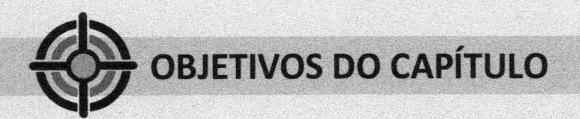
## OBJETIVOS DO CAPÍTULO

a. Conceito dos Controles Internos.

b. Característica dos Controles Internos.

c. Classificação dos Controles Internos.

d. Avaliação dos Controles Internos.

e. Exemplificações dos Controles Internos.

O conceito de controle é bastante remoto, mas pouco divulgado nos dias de hoje, a não ser quando ocorre algo muito fora do comum, como o depósito de R$ 150 bilhões indevidamente efetuado na conta bancária de uma aposentada no dia 7 de novembro de 2012. O responsável pelo banco reconheceu o "erro" e estornou o depósito em seguida.

O Departamento do Tesouro Nacional, em sua Instrução Normativa n.º 16, de 20 de dezembro de 1991, conceitua controle como sendo:

> *"O conjunto de atividades, planos, métodos e procedimentos inter-ligados utilizado com vistas a assegurar que o objetivo dos órgãos e entidades da administração pública sejam alcançados, de forma confiável e concreta, evidenciando eventuais desvios ao longo da gestão, até a consecução dos objetivos fixados pelo Poder Público."*

Entretanto, não será tratado apenas o conceito tradicional de Controles Internos, pois se entende que deve ser provocada uma reflexão sobre o pragmatismo deles. Um dos controles mais importantes encontra-se na composição do organograma. Na literatura técnica não é estudada ou não é dada a devida relevância à ausência de competência no cargo, que é uma das maiores faltas de Controle Interno, a qual se denomina de falta de controle invisível.

A reestruturação do organograma à exigência do formato de controle interno é exclusividade do *Chief Executive Officer* – CEO.

Em linhas gerais, trata-se de 2 (duas) modalidades de controles:

a. Preventivos, e

b. Detectivos.

No que se refere ao controle PREVENTIVO, a própria denominação já o explicita, é aquele direcionado a prevenir que ocorra. Apresentam-se em seguida alguns exemplos considerados clássicos:

| Setor da Empresa | Controle Preventivo |
|---|---|
| Compras | Quem compra não recebe dinheiro |
| Faturista | Quem fatura não vende |
| | Quem fatura não entrega a mercadoria/produto |
| Estoque | Quem armazena não efetua a contagem das mercadorias/produtos que recebe |
| | Quem estoca não participa do inventário, apenas acompanha |
| | Acesso restrito |

*Continua >*

| Setor da Empresa | Controle Preventivo | *Continuação* |
|---|---|---|
| Tesouraria | Todos os cheques são assinados por no mínimo 2(dois) funcionários independentes | |
| | Quem efetua o pagamento não possui acesso a alterar título | |
| | Quem efetua o pagamento não possui acesso a baixar títulos incobráveis | |
| | Acesso restrito | |
| Vendas | Quem vende não entrega ao cliente a mercadoria/produto | |
| Transportador | Quem transporta não recebe dinheiro referente à mercadoria | |
| | Quem transporta não abastece o veículo | |
| | Quem transporta não fatura | |
| | Quem transporta não tem acesso ao sistema de estoque | |

Fonte: Os autores.

Nas consultorias verificou-se que, apesar de os empresários familiares terem ciência dos controles, eles preferiram optar pela errônea teoria da administração de redução de custos sobrepondo os controles. Ao diminuir a quantidade de funcionários na empresa, teoricamente você reduz os custos ou despesas descritas nas teorias acadêmicas mas, por outro lado, aumenta o risco da eficácia dos controles ao permitir que o funcionário descumpra as regras acima mencionadas.

No que se refere ao conceito dos controles DETECTIVOS, adotou-se aquele controle que é responsável por identificar: caso o controle preventivo não o previna de acontecer, ele o detectará. Um exemplo que menciono sempre em minhas aulas é em relação ao elevador. Existe em cada cabine de elevador um informativo indicando a capacidade em quantidade de usuário ou quilograma de usuários que o elevador suporta. Esse informativo é um controle preventivo, porém, se entra uma quantidade de pessoas além da capacidade suportada, o elevador não se movimenta e emite um sinal sonoro informando que excedeu a capacidade máxima permitida. Ele só irá movimentar-se quando for cumprido o estabelecido. Esse controle é o detectivo.

Diante dessa analogia, em seguida apresentam-se alguns exemplos básicos de controles detectivos.

| Setor da Empresa | Controle Detectivo |
|---|---|
| Compras | Verificar se para toda compra realizada existe uma necessidade devidamente autorizada e cotação efetuada |
| Faturista | Verificar se tudo que foi faturado, foi faturado corretamente |

*Continua >*

| Setor da Empresa | Controle Detectivo | *Continuação* |
|---|---|---|
| Estoque | Verificar se todas as compras foram registradas no estoque corretamente | |
| Estoque | Analisar o inventário físico | |
| Disponibilidade | Verificar a conciliação bancária semanalmente | |
| Disponibilidade | Verificar periodicamente quem são os responsáveis pela empresa perante o banco | |
| Vendas | Verificar se todas as vendas foram efetuadas de acordo com a política de venda em vigor | |
| Transportador | Verificar se o que foi faturado, foi efetivamente separado e entregue ao cliente | |
| Transportador | Verificar se o transportador está utilizando o veículo de acordo com as rotas ou está utilizando em benefício próprio. | |
| *E-mail* | Não é permitido o envio de arquivos, a não ser pelas gerencias | |
| Folha de Pagamento | Verificar se o funcionário que realiza o cadastro na folha não tem acesso a alterar salário já cadastrado | |
| Folha de Pagamento | Verificar se existe pagamento de folha, antes da conferência de um funcionário que não pertence ao setor de folha de pagamento | |
| Entrada na Empresa | Verificar se ocorre entrada de pessoas sem autorização previamente | |
| Saída de Bens da Empresa | Verificar se existe saída de bens sem a autorização formal da gerência competente | |
| Saída de Bens da Empresa | Efetuar o inventário de bens | |

Fonte: Os autores

Ambos os Controles Internos podem ser realizados com auxílio do sistema informatizado, principalmente os controles detectivos.

Outro ponto que merece ser ressaltado é a avaliação dos controles internos. Não basta tê-los ou não os ter. O importante é tê-los em funcionamento correto. Para tanto, consideram-se os controles internos avaliados em 2 (duas) modalidades:

a. Eficaz;

b. Ineficaz.

Quando se refere a avaliar os controles internos, parece à primeira vista algo desnecessário, mas após apresentar estes exemplos (*cases*) da vida real, você vai acreditar que faz algum sentido avaliar os controles internos existentes.

## *Case* 01

Ao ser convidado para uma palestra em um órgão público no Estado de Pernambuco, chegando à portaria, identifiquei a presença de catracas com leitores biométricos, as quais só davam acesso àquelas pessoas previamente cadastradas. Ao ser cadastrado, adentrei; estando do lado de dentro, coloquei o dedo indicador no local exigido e a catraca permitiu um novo acesso de entrada, mesmo eu já estando dentro.

## Case 02

Uma médica pertencente ao SAMU de um município do Estado de São Paulo foi pega, por meio de denúncia, no mês de março de 2013, registrando a frequência da jornada de trabalho de mais 5 (cinco) médicos. Estes últimos, por meio da utilização de réplicas de dedos de silicone contendo as impressões digitais, ou seja, um único funcionário registrava o ponto de 6 (seis) funcionários.

## Case 03

No *check-out* de uma loja de varejo, o registro da mercadoria/produto a pagar é realizado pela leitura do código de barra constante nas mercadorias/produtos. Contudo, se a operadora de *check-out* escanear um produto com valor inferior e embalar um de valor maior, o caixa, no final do dia, fechará sem diferença. A diferença na empresa só será detectada no inventário físico de mercadoria/produto, mas não será possível identificar o caixa.

## Case 04

Um laboratório de imagens realiza vários exames de pessoas conhecidas dos funcionários sem gerar faturamento para o proprietário, o que só será identificado por meio da existência do Inventário Físico (controle detectivo).

## Case 05

Descontos não realizados de adiantamento a funcionários, atrasos e faltas na folha de pagamento que deveriam ser efetuados pelo responsável pelo setor de pessoal, o qual não o faz, pois possui vínculo de amizade com os funcionários.

## Case 06

Compra efetuada a alguns poucos fornecedores que possuem algum tipo de vínculo de favorecimento recíproco.

## Case 07

O Governo instala inúmeras câmeras de vídeo nas ruas, porém a quantidade de policiais para analisar a captura das imagens é insuficiente. A imagem auxilia em caso de denúncia.

## *Case* 08

Um determinado *shopping center* possui câmeras de vídeo no estacionamento, porém o tempo da guarda da gravação da captura das imagens para análise é insuficiente. Por questão de economia (redução de custos), a cada 15 (quinze) dias é gravado no espaço ocupado pelas gravações dos 15 (quinze) dias anteriores.

Estes são alguns dos milhares de exemplos de ineficácia dos Controles Internos. Acredita-se que tenha sensibilizado a ponto de refletir que os Controles Internos surgem numa organização quando ela inicia suas operações. Os Controles Internos podem ser observados tanto nas empresas ditas informais quanto nas formais, o que ratifica a ideia de que eles devam existir.

Diante desse contexto, pode-se concluir que um Controle Interno é EFICAZ quando apresenta o resultado esperado SEMPRE. Um exemplo contrário pode ser identificado na frase vivenciada nas consultorias:

> *"Nós temos as câmeras de vídeos (circuito interno de TV), mas elas estão desligadas." (Os autores)*

O quadro a seguir representa a síntese das possibilidades de situações que os Controles Internos podem exercer.

| Classificação | Quanto a Avaliação |
|---|---|
| Preventivo | Eficaz |
| | Ineficaz |
| Detectivo | Eficaz |
| | Ineficaz |

Fonte: Os autores.

Dessa forma, nas consultorias e até mesmo frequentando como clientes, verificaram-se diversas empresas que apenas apresentam os controles preventivos, deixando os empresários tranquilos, acreditando que já é suficiente. Todavia, a maior parte desses controles é ineficaz e isso só será descoberto quando ocorrer o sinistro.

 ## PESQUISA DE PERCEPÇÃO

A pesquisa realizada objetiva corroborar os *cases* analisados durante as consultorias efetuadas. A metodologia empregada foi o questionário de múltipla escolha e a amostra foi selecionada por meio do critério não probabilístico denominado amostra por conveniência ou acessibilidade (o pesquisador seleciona membros da população mais acessíveis). A amostra resultou em 100 (cem) alunos da pós-graduação com o seguinte perfil:

- 3% Gerentes de empresa de grande porte
- 5% Gerentes de empresa de médio porte
- 10% Gerentes de emresa de pequeno porte
- 48% Supervisores/Coordenadores/Encarregados de setor (cargo imediatamente abaixo de gerência)
- 10% Outros cargos
- 24% Estudantes
- 100% Total

A percepção da importância dos controles internos expressa em questionários:

| REPRESENTAÇÃO GRÁFICA DAS RESPOSTAS OBTIDAS | ANÁLISE QUALITATIVA |
|---|---|
| 1. O comprometimento da Empresa Familiar com os controles patrimoniais da Empresa Familiar é percebido pelo mercado? 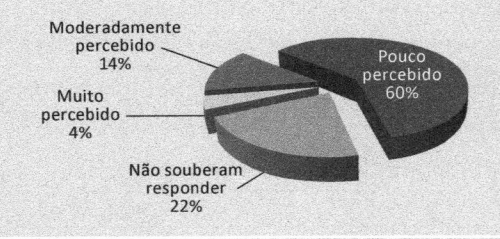 | O percentual de 66% foi respondido por 87% dos gerentes das empresas de grande, médio e pequeno portes, além de 78% de supervisores/ coordenadores/ encarregados de setor, 45% de outros cargos e 35% de estudantes |
| 2. O comprometimento dos funcionários que não são da família com o controle patrimonial da Empresa Familiar é percebido pelo mercado? 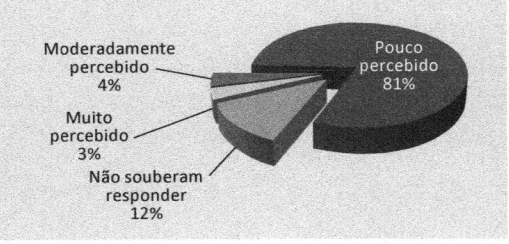 | O percentual de 81% foi respondido por 99% dos gerentes das empresas de grande, médio e pequeno portes, além de 95% de supervisores/ coordenadores/ encarregados de setor, 89% de outros cargos e 35% de estudantes |

3. A centralização das decisões no fundador ou no membro da família mais "velho" é percebido pelo mercado como?

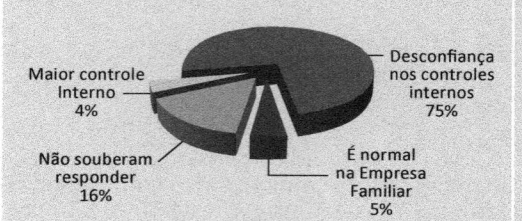

O percentual de 75% foi respondido por 85% dos gerentes das empresas de grande, médio e pequeno portes, além de 82% de supervisores/ coordenadores/ encarregados de setor, 95% de outros cargos e 46% de estudantes

4. O fato do proprietário estar sempre na empresa no início e no final do expediente é percebido pelo mercado como?

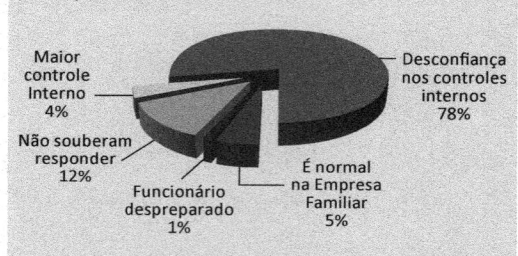

O percentual de 78% foi respondido por 90% dos gerentes das empresas de grande, médio e pequeno portes, além de 88% de supervisores/ coordenadores/ encarregados de setor, 92% de outros cargos e 42% de estudantes

5. O fato do proprietário diariamente conferir o caixa e estar presente conferindo os inventários físicos é percebido pelo mercado como?

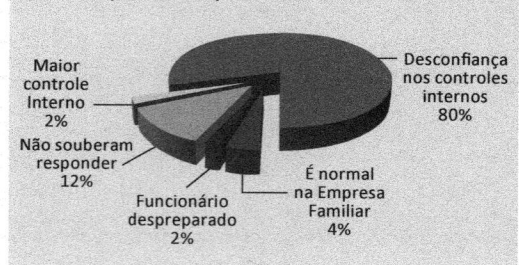

O percentual de 80% foi respondido por 95% dos gerentes das empresas de grande, médio e pequeno portes, além de 91% de supervisores/ coordenadores/ encarregados de setor, 92% de outros cargos e 42% de estudantes

Conclui-se, portanto, que a percepção apresentada pela pesquisa corrobora os *cases* expostos no transcorrer do livro e o posicionamento teórico desenvolvido neste estudo. É mister ressaltar que os resultados percentuais mais expressivos por toda a amostra refletem a possível fragilidade da Empresa Familiar nos Controles Internos.

## ASPECTOS POLÊMICOS (*Latim = Controversum Volticulos*)

Verifica-se que a maior parte das Empresas Familiares não dá a importância devida aos Controles Internos, no máximo direcionam a atenção ao caixa e ao estoque. Porém, os procedimentos de conferência de caixa e de inventário físico de estoque são ineficazes, frágeis.

A preocupação maior pela implantação dos Controles Internos chega à Empresa Familiar por meio daquele membro da família que frequenta ou frequentou o curso superior. Mesmo assim, ainda é vista com cautela pelo fundador ou membro mais antigo da família pois, na visão dele, essas sugestões só geram aumento nos custos. Aproveito a oportunidade para explicitar que uma das causas da falta de Controle Interno reside na redução de custos sem estudos prévios. Um exemplo clássico é a falta de segregação de função, ou seja, quando um único funcionário efetua várias funções conflitantes, conforme apresentado no quadro dos controles preventivos.

Por várias vezes, presenciei o empresário ser o primeiro a chegar (abrir a empresa) e o último a sair (fechar a empresa), além de não poder sair de férias e ter que diariamente conferir o caixa e o estoque.

Qualquer que seja o ramo de atividade econômica ou o porte da empresa, basta que tenha seus Controles Internos implantados corretamente que jamais necessitará da presença física ostensiva do empresário para garantir o controle. Os próprios Controles Internos assegurarão.

Atualmente, com o celular ou outro equipamento móvel que possibilita obter informações em tempo real, o empresário, estando em qualquer lugar do mundo, poderá receber relatórios, informações, imagens e áudios.

## QUESTIONAMENTOS

1. Aproveitando a característica da Empresa Familiar em confiar nos funcionários mais antigos independentemente da competência, esse fato elimina os Controles Internos?

2. Os Controles Internos podem ou devem ser implantados na Empresa Familiar?

3. Em que momento devem ser implantados os Controles Internos?

## LITERATURA COMPLEMENTAR

1. Pandoveze CL. Controladoria Básica. São Paulo: Cengage Learning; 2010.
2. Andrade A. Governança Corporativa: Fundamentos, desenvolvimento e tendências. São Paulo: Atlas; 2009.

# Princípio da Continuidade da Empresa

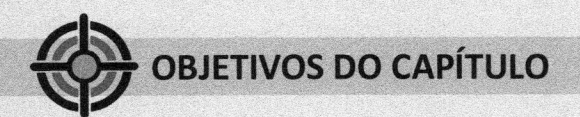 **OBJETIVOS DO CAPÍTULO**

a. Conceito do Princípio da Continuidade.
b. Implantação do Princípio da Continuidade.
c. Protocolo de convivência dos membros da Família.
d. Blindagem de membros da Empresa Familiar.
e. Sucessão de Geração na Empresa Familiar.

## ■ CONCEITO

A Ciência Contábil aborda de forma brilhante a CONTINUIDADE *DO NEGÓ-CIO* ao entender como um *POSTULADO* da Ciência Contábil, o qual foi discutido pelo estudo realizado pelo IBRACON – Instituto dos Auditores Independentes do Brasil ao expressar nos Princípios Contábeis (1992, p. 33):

> *"Para a Contabilidade, a Entidade é um organismo vivo que irá viver (operar) por um longo período de tempo (indeterminado) até que surjam fortes evidências em contrário".*
> *"A Contabilidade, entre a vida e a morte, escolhe a primeira. De fato, esta é uma constatação do histórico dos negócios; não existe, a priori, nenhum motivo para julgar que um organismo vivo venha a ter a morte súbita ou dentro de curto prazo. Ainda mais, as entidades são organismos que renovam suas células vitais através do processo de reinvestimento".*

O conceito de continuidade é bastante verbalizado nas organizações e pouco estudado entre os membros da família que pertencem à Empresa Familiar.

O Princípio da Continuidade como elemento constituinte do planejamento da Empresa Familiar é muito mais importante, pois os efeitos são mais rápidos em relação à empresa profissional (com a gestão efetuada por meio de governança corporativa). Nessa etapa de planejamento, o fundador, em conjunto com o consultor, deve estabelecer de forma explícita (clara) o que é continuidade *DO NEGÓCIO*. A continuidade é classificada, neste estudo, em 3 (três) modalidades:

a. Indeterminada sob o comando da família;

b. Indeterminada sob o comando misto (família + funcionário não pertencente à família);

c. Determinada (alienada a terceiros) sem qualquer participação de membros da família.

Indeterminada sob o comando da família

Esta classificação pressupõe a sucessão da gestão para as gerações. É uma das modalidades mais delicadas para a tomada de decisão, uma vez que se trata de família. Foram ouvidos nas consultorias vários depoimentos informais na forma de desabafo:

> *"Fulano é o mais apegado (querido), mas não tem competência para gerir os negócios." (Os autores)*

*"O que mais se identifica com o negócio é um parente distante... En-*
*quanto meus filhos não querem nada. E se eu não passar o comando*
*para um dos meus filhos, tenho certeza de que o negócio fechará*
*decorrente dos conflitos de interesses." (Os autores)*
*"Como devo fazer se meus filhos dependem financeiramente do ne-*
*gócio e o mais novo solteiro é quem tem tino (habilidade e competên-*
*cia) para o negócio... Mas já afirmou que não ajuda incompetente,*
*mesmo que seja familiar." (Os autores)*

Diante dos relatos expostos por proprietários de Empresas Familiares, percebe-se que o conceito de continuidade não é sequer analisado na fase de transpor o sonho (ideia) para a realidade. Em outras palavras, eles abrem o negócio para gerar o recurso financeiro que será a origem do "sustento" da família, depois pensam nesses aspectos. Estes com certeza são os pensamentos dos fundadores amadores.

É mister ressaltar os estudos realizados pela *Family Business Network* – FBN, associação internacional que analisa o assunto Empresa Familiar em 60 países, do qual o Brasil é parte integrante. A FBN concluiu, entre outros estudos, que a fase mais crítica e delicada de transição de uma geração de sucessão para outra é a terceira sucessão. É quando os herdeiros da quarta geração recebem a gestão da terceira geração.

Sem perder a essência acadêmica, um ditado popular português retrata o resultado deste estudo:

*"Pai rico, filho nobre, neto pobre".*

Em síntese, são muitos os problemas que preocupam os gestores das Empresas Familiares, iniciando com os próprios conflitos familiares oriundos do lar que são levados para o âmbito empresarial organizacional até a gestão diária *NO NEGÓCIO* Empresa Familiar. O outro reside na sucessão. A frase é forte, mas verdadeira, externada por Christensen (2010):

*"O certo seria deixá-los de fora, mas não posso fazer isso com meus*
*próprios irmãos. Além do mais, se meu cunhado não puder traba-*
*lhar aqui numa função qualquer, simplesmente terei de encontrar*
*outra forma de sustentá-lo."*

Uma das marcas de Floriani (2002) é a preocupação da garantia da sobrevivência da Empresa Familiar e das empresas parceiras, direta e indiretamente, denominada de cadeia de valor *DO NEGÓCIO*.

Esses autores abordam os valores éticos construídos e desenvolvidos pelos fundadores das Empresas Familiares como um laço além-negócio entre os membros participantes da cadeia de valor, laço este que estabelece uma tradição de gestão e aversão ao risco, ao novo. O novo nada mais é do que a atualização constante.

Alguns podem estar surpresos com o texto, mas o exemplo que marcou nos últimos anos foi a decisão de Abílio Diniz, um dos mais bem-sucedidos empresários brasileiros que foi presidente do Grupo Pão de Açúcar, após ter passado por divergências familiares, ergueu a empresa e tornou-a uma das 3 (três) maiores empresas de varejo do Brasil. Em seguida, vendeu a empresa ao grupo francês Casino (*Casino Guichard Perrachon*).

Outro exemplo de descontinuidade *DO NEGÓCIO* ocorreu no Nordeste do Brasil, com uma empresa de varejo denominada grupo Bompreço, que em 1996 vendeu 50% do controle acionário ao grupo holandês Royal Ahold, e este último vendeu a totalidade (100%) para a rede americana Walmart em março de 2004.

Nesses 2 (dois) exemplos, fica implícita a decisão de não continuidade *DO NEGÓCIO*.

A essência da descontinuidade *DO NEGÓCIO* foi explanada na aula magna de um MBA na Faculdade Getúlio Vargas, proferida por Abílio Diniz:

> *"Eu sou um excelente comprador de empresa que preparo para vendê-la", continuou afirmando: "Eu, ao deixar o Pão de Açúcar, não deixarei para nenhum membro de minha família".*

Fonte: Leach (2010, p. 211)

O estudo argentino sobre Empresa Familiar, do autor Leach (2010), apresenta de forma sintética o grande dilema do fundador diante das opções de sucessão. Apresenta também em seu estudo 6 (seis) modalidades, que foram apenas traduzidas para o português.

Diante dos estudos realizados na Argentina, nos Estados Unidos e no Brasil, a característica central é o temor da sucessão. Mas a essência do temor reside no desconhecimento da totalidade do princípio da continuidade, em especial da implantação do princípio da continuidade.

## ■ IMPLANTAÇÃO DO PRINCÍPIO DA CONTINUIDADE

O fundador, *a priori*, firma um acordo de que a empresa será permanente. A partir desse momento, inicia-se o processo de estruturação da continuidade e elegem-se os fundamentos a serem rigorosamente cumpridos, bem como o órgão de análise de conflitos. Em síntese, é um tratado de cavalheiros formalizado.

O tema protocolo de convivência é amplo a ponto de Mamede (2012) abordar as legislações específicas nos Estados Unidos (Leis *Foreign Corrupt Practices Act* e Dodd-Frank) e na Grã-Bretanha (UK-Bribery), que regulam a preservação dos interesses da coletividade social e a condução da gestão com práticas lícitas e morais, o que inibiu e vem punindo seus infratores. Também é uma ferramenta utilizada pela comunidade desses países para fazer denúncias desses atos.

Ainda nesses autores, pode-se observar a importância do conceito derivado das leis abordadas anteriormente e a associação delas sendo utilizada para o conceito de *COMPLIANCE*, cargo atribuído a um *Chief Compliance Officer* – CCO, responsável por regulamentar as práticas morais e éticas numa instituição.

É evidente o esforço tanto do governo como da sociedade como um todo para manter a condução lícita *NO NEGÓCIO*.

Diante desses fatos, este estudo é adepto da teoria de Floriani (2002), ao tipificar 10 (dez) pontos de conflitos familiares, os quais serão os fundamentos da elaboração do "protocolo de convivência familiar". É redundante, mas esse protocolo é para os membros da família, ainda que seja divulgado, entendo que seja em linhas gerais, sem explicitar os aspectos da "blindagem".

Antes mesmo de comunicar sua ideia aos demais membros da família, o fundador deve estabelecer os principais, ou melhor, os Pontos de Conflitos Familiares. É mister fazer um preâmbulo, ainda que breve, muito útil para a análise de conflito, que foi implantado com sucesso nas consultorias:

1. Elabore o organograma funcional;
2. Descreva as atribuições do cargo, independente da "persona" que irá ocupá-lo;
3. Descreva os aspectos principais do caráter e da personalidade do membro da família que se deseja contratar;
4. Faça a correlação (relações cruzadas):
   4.1. Entre os atributos exigidos no item 2 com os pertencentes ao membro da família, item 3;
   4.2. Entre os atributos exigidos no item 2 com os demais atributos pertencentes ao restante do organograma funcional;
   4.3. Entre o caráter e a personalidade de cada membro da família.

Dessa simulação resultará o que denomino de "Carta de Conflitos ou Convivência", a qual apresenta os possíveis Pontos de Conflitos Familiares. Essa simulação não exclui, muito pelo contrário, fortalece a necessidade da existência de um protocolo de convivência, que deve ser elaborado por um profissional especializado nessa modalidade de trabalho. Reforço: não é qualquer consultor que possui essa *expertise*. Não obstante, alguns empresários (fundadores) possuem receio de fazê-la pelo fato de expor as particularidades da família.

Para Colin e Larry (2009, p. 9), os motivos para a não realização de tal análise residem em:

> *"Vergonha, constrangimento, ego e preocupação com o custo."*
> *"Não quero que pessoas de fora vejam que meus filhos não se entendem... Não quero que vejam que não consigo gerenciar a família."*

A tipificação dos pontos de convivência, segundo Floriani (2002, p. 138), é apresentada a seguir. Ainda que interpretados, foram preservados os tópicos na íntegra, mas foram acrescentados, quando julgado necessário, alguns exemplos práticos, grifos para exaltar:

1. Consciência de que a entidade é uma pessoa com personalidade própria;
2. Os sócios e suas famílias devem estar comprometidos com a continuidade da empresa;
3. A empresa deve estar acima dos interesses pessoais;
4. A unidade familiar deve ser permanentemente investida em suas forças, sabendo respeitar as diferenças pessoais;
5. As relações interpessoais devem ser excelentes nas famílias;

6. Os sócios e seus familiares devem estar sempre comprometidos com a excelência da empresa;
7. Respeitar as linhas hierárquicas na empresa evitando-se ingerências em chefias e funcionários subordinados;
8. Descobrir e reforçar os valores da família em cada um dos seus herdeiros;
9. Estar comprometido com a profissionalização;
10. Os sócios devem agir com evidenciação e transparência de seus atos e assim também difundir essa filosofia entre os colaboradores da empresa

## 1. Consciência de que a entidade é uma pessoa com personalidade própria

Implantar reuniões programadas. O recomendado é 1 (uma) vez por mês, para estabelecer deveres e responsabilidades aos membros da família, objetivando dar o exemplo aos demais funcionários e não os confundir com os dos sócios, que assumem responsabilidades operativas, estratégicas e gestoras.

Um bom exemplo é a estrutura elaborada e implantada pelo fundador da empresa Acumuladores Moura, mais conhecida por Baterias Moura:

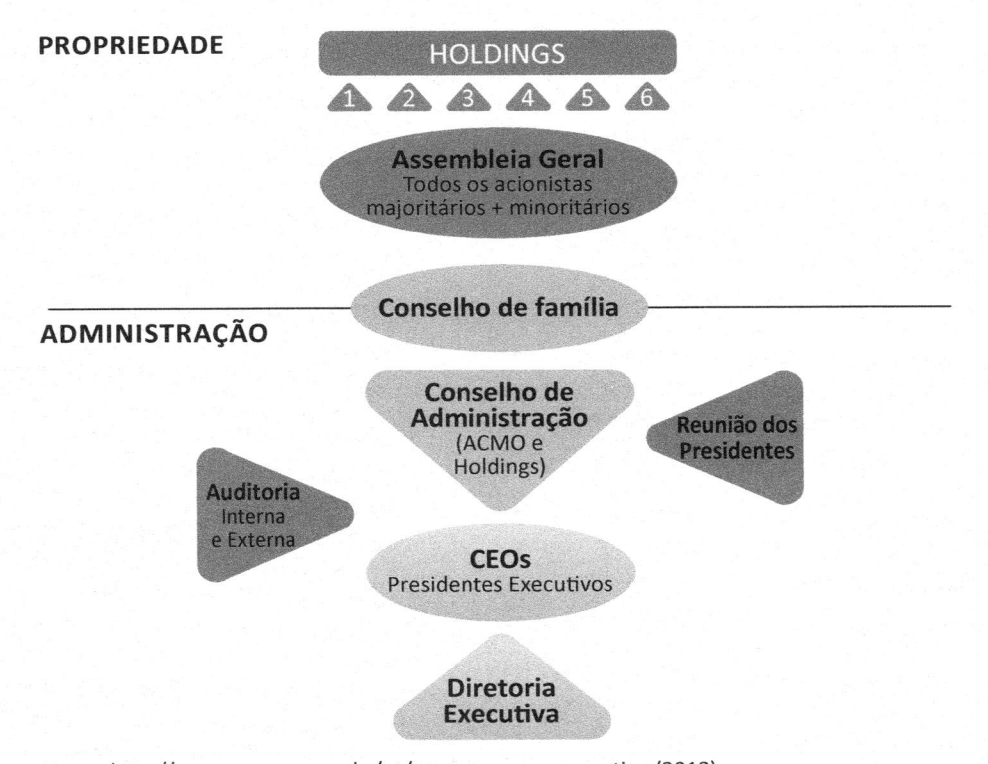

Fonte: http://www.moura.com.br/pt/governanca-corporativa (2013)

## 2. Os sócios e suas famílias devem estar comprometidos com a continuidade da empresa

A lealdade e o comprometimento devem ser incondicionais, em todos os sentidos, para servir de exemplo para a cadeia de valor.

## 3. A empresa deve estar acima dos interesses pessoais

O crescimento da empresa depende do grau de profissionalização de todos os familiares e de que eles sejam vistos como aqueles que colocam a empresa em primeiro plano. Deve-se priorizar o interesse empresarial sobre o da família, o coletivo deve estar acima do individual.

> *"Nessa direção, enfatiza-se que como os valores da família e da empresa nem sempre são os mesmos, a postura contrária a esse princípio levará a mesma a sofrer desgastes graduais que minam suas bases através da insatisfação, insegurança entre os colaboradores, profissionais e até mesmo dos próprios membros da família." (Floriani, 2002 apud Blecher, 2003).*

## 4. A unidade familiar deve ser permanentemente investida em suas forças, sabendo-se respeitar as diferenças pessoais

O empresário é o produto de uma dedicada combinação de personalidade e ambiente. O aprendizado dos filhos deve ser feito fora da Empresa da Família.

> *Porque na empresa do outrem ele aprenderá a respeitar: a hierarquia; as diferenças (conflitos) dos demais funcionários; a remuneração condizente com o resultado/produtividade; os horários; além de outros aspectos importantes na formação profissional técnica e ética. (Os autores)*

O respeito pela experiência dos mais velhos deve ser o ponto de partida para manter o bom relacionamento interfamiliar, para que a juventude também possa apresentar as suas ideias inovadoras.

> *"Incentive a família a trabalhar em outro local antes de entrar para os negócios familiares. Para apresentar o conceito de autoridade, responsabilidade e conduta profissional." (Larry, Colin, 2009, p. 10).*

## 5. As relações interpessoais devem ser excelentes nas famílias

Na base do subsistema pessoal em sua constituição, ele tem a categoria do personalismo, além da lealdade pessoal e do traço cultural evitar conflito. É essencial a prática da sinceridade, da justiça, do respeito, da honestidade, do consenso e da capacidade de ouvir.

## 6. Os sócios e seus familiares devem estar sempre comprometidos com a excelência da empresa

Direção firme e aproximação direta dos diretores com a estrutura da empresa transmitem segurança e confiança. O objetivo maior do clã familiar é dar continuidade e integração às regras administrativas e ao centro de interesse da empresa.

## 7. Respeitar as linhas hierárquicas na empresa evitando-se ingerências em chefias e funcionários subordinados

Esse tópico é muito bem estudado e a frase a seguir resume a essência:

*"A inclusão de um código de ética exigirá que os herdeiros dos sócios respeitem a cadeia de comando." (Floriani, 2002 apud Diniz, 2003)*

## 8. Descobrir e reforçar os valores da família em cada um dos seus herdeiros

Os traços positivos da cultura da família devem ser preservados e solidificados para a conquista e respeito da comunidade em geral e principalmente dos funcionários.

## 9. Estar comprometido com a profissionalização

A família empresária deve estar ciente de que o funcionamento de uma empresa é assegurado quando as pessoas desempenham o seu papel de acordo com as prescrições para satisfazer ou exceder os padrões quantitativos de desempenho estabelecidos pelos objetivos a desafios empresariais.

*"O membro da família que estiver disposto a entrar no negócio deve, antes de tudo, assumir uma postura igualmente profissional. Sugere-se de preferência que seja em outra empresa." (Floriani, 2002, p. 138)*

## 10. Os sócios devem agir com evidenciação e transparência de seus atos e assim também difundir essa filosofia entre os colaboradores da empresa

Em Floriani (2002 apud Sull, 2003), essa questão é muito discutida. Nesses mesmos autores, assumir o posicionamento desse tópico significa, em síntese:

> *"Que cada sócio saiba reconhecer que, de maneira isolada, nada poderá conseguir; todos devem tomar conhecimento das operações realizadas, do desempenho, do resultado independente da sua área de atuação."*

As demonstrações contábeis devem ser evidenciadas e transparentes entre membros da família, para facilitar.

Diante do exposto, resta-nos identificar e solucionar as divergências de ideias entre os membros da família no âmbito da Empresa Familiar, pois caso contrário se constituiria o que se conceitua de Crise de Existência.

## ■ CRISE DE EXISTÊNCIA

A essência deste tópico é apresentar uma reflexão sobre os momentos difíceis do fundador perante as atitudes dos seus familiares: permanecer com a empresa ou vendê-la?

Essa reflexão foi observada ao longo das consultorias, quando precedida de uma desilusão (decepção) familiar no exercício *NO NEGÓCIO*.

Foram presenciados vários fundadores de Empresa Familiar desabafando:

> *"Eu trabalhei duro durante todo o tempo para agora ter que escutar, ou ver ou saber de terceiros que minha família só quer poder. Já estou com uma idade avançada e com minha aposentadoria tranquila (não dependo do resultado DO NEGÓCIO), logo para que terei que me preocupar com o destino da Empresa Familiar?" (Os autores)*

Também foi presenciada e em alguns casos participei da opção da venda da Empresa Familiar. O valor recebido foi bastante compensador e a partilha foi feita de forma além das exigências da lei. Ou seja, foi distribuído a cada membro da família não apenas o que ele teria direito, mas uma quantia para que ele sobrevivesse, quer seja abrindo seu próprio negócio, quer seja investindo. Apesar disso, o final da história não foi muito feliz para grande parte dos membros da família e para a família como um todo. A competência para gerir ou para trabalhar em outra empresa percebendo a mesma remuneração não era compatível com a exigência do mercado competitivo e profissional.

## Case

> *Em Recife, uma Empresa Familiar faturava aproximadamente R$ 1,5 milhão por mês e que resultava num lucro líquido de 40% do faturamento. O fundador possuía 3 (três) filhos dos quais 2 (dois) frequentavam a empresa, apenas 1 (um) entendia DO NEGÓCIO, mas empiricamente. Os filhos atingiram uma idade de constituir suas próprias famílias, e foi nesse momento que iniciaram os conflitos e as crises existenciais. O fundador adoeceu e, insatisfeito com a postura da família, vendeu a empresa e fez a distribuição dos valores. Passaram-se aproximadamente 10 (dez) anos e encontrou um dos filhos (herdeiro) comercializando CD´s piratas no centro do Recife para sobreviver e o outro trabalhando de despachante de documentação de veículos, recebendo uma remuneração inferior a 1 (um) salário mínimo, e ambos morando em um quarto atrás de sua casa própria, que alugavam para sobreviver. (Os autores)*

O fundador não possui uma responsabilidade direta com a profissionalização dos membros da família, mas esse fato deve ser explicitado e se for o caso formalizado, pois o futuro de cada membro da família é determinado por cada um.

A decisão de permanecer com a Empresa Familiar requer a sucessão, esta última por sua vez requer um planejamento e preparação do sucessor e da cadeia de valor para que a sucessão seja realizada sem traumas.

> *"São incontáveis os casos de negócios que eram vantajosos até a morte do responsável pelo comando das atividades e, a partir da sucessão, começaram a definhar."(Mamede, 2012)*
> *"A sucessão é um dos pontos mais críticos na história das empresas." (Mamede, 2012)*

Na pesquisa realizada por Leone (2010) entre os empresários sobre o processo de sucessão, o resultado foi o que se aguardava:

## Principais Entraves à Sucessão

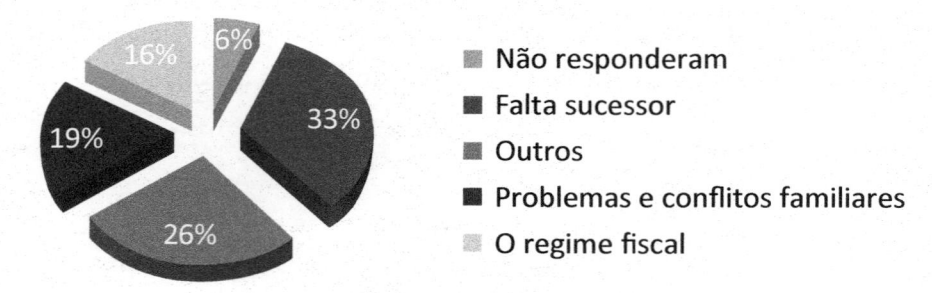

- ▦ Não responderam
- ■ Falta sucessor
- ▤ Outros
- ■ Problemas e conflitos familiares
- ▒ O regime fiscal

Leonel (2010, apud Campus, 2008)

Nesses mesmos autores é importante reassaltar os dados da pesquisa voltados ao tema sucessão:

- Dos empresários entrevistados, 87% afirmam que as empresas não foram herdadas e sim criadas pelo proprietário atual;
- Três por cento foram herdadas;
- Dos 3% que herdaram, 22,58% dos gestores não prepararam seu sucessor.

Quando a pergunta é quem deve dirigir a empresa, o resultado foi:

## Por quem deverá ser dirigida a sua empresa?

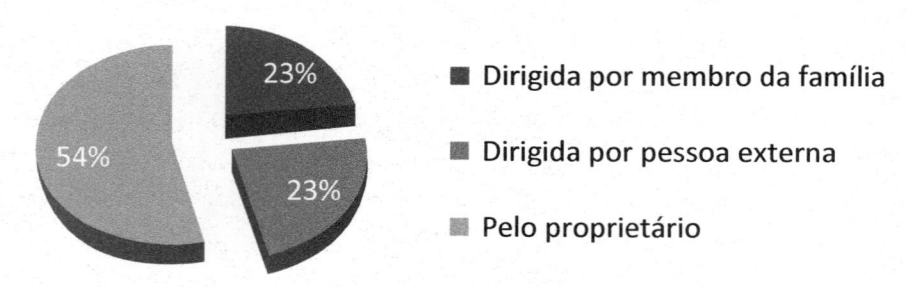

- ■ Dirigida por membro da família
- ▤ Dirigida por pessoa externa
- ▒ Pelo proprietário

Leonel (2010, apud Campus, 2008)

Os argumentos descritos anteriormente revelam o quanto os assuntos sucessão e profissionalização são preocupantes e como os proprietários de Empresas Familiares são despreparados, o que ratifica a necessidade da aplicabilidade da teoria da blindagem.

## ■ BLINDAGEM DA FAMÍLIA

A blindagem neste estudo é indicada para preservar os membros da família de desgastes ou rupturas decorrentes de fatos oriundos *NO NEGÓCIO*.

Por tudo que foi abordado neste capítulo, deve ser implantado como um procedimento obrigatório para a admissão dos membros da família a participação de um vídeo de Conflitos de Interesses e de postura profissional (moral e ética) apresentando a personalidade de cada membro da família, o perfil exigido pelo cargo, a "carta de Conflitos ou Convivência" e os possíveis conflitos que possam ocorrer. Em seguida, o membro da família lerá o contrato de convivência familiar e redigirá de próprio punho uma declaração que explicite a íntegra da leitura, bem como o seu aceite.

Este protocolo ou "Contrato de Convivência" deve conter em linhas gerais 3 (três) bases sólidas:

- Da Integridade Moral e Ética dos membros da Família;
- Da Integridade dos Valores da Família; e
- Da Integridade do Fundador.

### Da Integridade Moral e Ética dos membros da Família

Toda e qualquer discordância (divergência) de ideias deve ser externada de forma a respeitar a pessoa e o profissional do outro membro da família. Se por algum motivo essa discordância (divergência) persistir, os membros da família envolvidos devem pedir um momento para análise e em local reservado devem ser expostos todos os motivos que levaram a tais discordâncias (divergências). Em última instância, não atingindo a concordância de ideias, o fato se encerra e direciona-se formalmente por meio de formulário e/ou *e-mail* ao Comitê de Ética. Caso a reunião desse comitê só ocorra com um espaço de tempo considerado grande, deve-se convocar uma reunião extraordinária para dirimir o mais rápido possível o assunto. As reuniões extraordinárias são convocadas pelo fundador ou quem de respeito seja designado.

Recomenda-se que, enquanto não ocorra a referida reunião do Comitê de Ética, o assunto não seja comentado, mesmo com pessoas pertencentes à família, e os membros envolvidos na divergência de ideias devem continuar suas atribuições como se não houvesse nada ocorrido.

O Comitê de Ética deve ser constituído por 2 (dois) membros externos à empresa e sem vínculo empregatício para preservar a independência. As *expertises* desses membros devem ser na área do conhecimento da psicologia empresarial e na área de governança corporativa, os demais ficam a critério do fundador ou *Chief Executive Officer* – CEO.

É mister ressaltar que os membros externos devem possuir as *expertises* condizentes com o interesse do fundador: sucessão, profissionalização ou venda, pois a orientação deles pode influenciar na essência da decisão do fundador. Em casos extremos, o membro externo emitirá uma carta de discordância da decisão tomada pelos demais membros, como formalidade de documentar a sua opinião contrária.

O tratamento de desligamento de um membro da família, segundo este estudo, deve ser orientado, em linhas gerais:

1º. É realizado de forma especial preservando a integridade moral e profissional, transparecendo para todos os componentes da cadeia de valor envolvidos que o mesmo decidiu pela carreira profissional independente, ainda que seja em outro ramo de atividade econômica.

2º. O comunicado deve ser oficial emitido pelo fundador.

3º. O comunicado deve ser único para todos os componentes da cadeia de valor, objetivando eliminar a possibilidade de dúvidas e questionamentos.

## Da Integridade dos Valores da Família

Nenhum componente pertencente à cadeia de valor inerente *DO NEGÓCIO* deve ter dúvida sobre os valores da família.

> *"Os valores da família estão acima de qualquer fato e/ou ato que venha a ocorrer, independentemente do membro pertencente à cadeia de valor na qual a Empresa Familiar se encontra inserida." (Os autores)*

Dessa forma, os membros pertencentes à família devem ser o exemplo SEMPRE para a cadeia de valor.

Um ditado popular muito ouvido que retrata a postura dos membros da família é:

> *"Faça o que eu digo, não faça o que eu faço." (Autor desconhecido)*

Era comum identificar nas consultorias diversos membros de Empresa Familiar que mencionaram que sempre possuíam uma postura exemplar perante a cadeia de valor, mas muitos destes confundiam a postura enquanto indivíduos pertencentes à sociedade, fora do horário de expediente de trabalho, com a do executivo. Foi analisada e descoberta a grande dificuldade de aceitar, principalmente pelos membros da família com menor idade (mais novos), a teoria do ônus do bônus, a qual neste estudo consiste em:

> *"Ao assumir (bônus) um cargo de destaque: gerente, diretor, superintendente, CEO ou algum outro equiparado em uma empresa e em especial na Empresa Familiar, a sociedade sempre associará (ônus) às atitudes realizadas por esses indivíduos fora do expediente de trabalho." (Os autores)*

## Da Integridade do Fundador

Por tudo que foi dito, o fundador deve ser protegido (blindado) de qualquer fato ou ato, mesmo que ele tenha sido o autor. Recomenda-se que sempre, nesses casos, a alta gestão, de preferência um funcionário que não seja da família, assuma a responsabilidade perante os envolvidos, alegando interpretação errônea do procedimento emanado pela empresa.

Do ponto de vista jurídico, o *Chief Executive Officer* – CEO responde pela administração da empresa perante a comunidade.

É evidente a necessidade da blindagem nos 3 (três) aspectos apresentados, que não visa apenas um capricho, mas uma exigência do mundo corporativo. A família é o ente *mater*, deve permanecer unida e diante das adversidades é que deve demonstrar a força da união. A cadeia de valor entende que os desentendimentos e rupturas nos elos da família representam risco de continuidade *DO NEGÓCIO*, "abalando" a credibilidade da empresa como um todo.

Foi constatado que várias Empresas Familiares com resultados operacionais positivos (além das expectativas do mercado) atingiram o fracasso motivado pela desunião da família. Este é um dos aspectos analisados pela cadeia de valor.

A profissionalização é vista pelos membros pertencentes à cadeia de valor como sendo um menor risco de descontinuidade *DO NEGÓCIO*.

## ■ PROFISSIONALIZAÇÃO

Este tema é bastante repudiado pelos membros da Empresa Familiar, principalmente pelos fundadores, pois não é estudado e apresentado de forma a dirimir as dúvidas e ressaltar os aspectos positivos. Para ilustrar, apresentam-se algumas frases:

> *"A profissionalização é uma etapa que complementa a sucessão... Ambas são parte integrante de um todo." (Os autores)*

*"O ideal é que a profissionalização ocorra durante a gestão do fundador." (Os autores)*

A profissionalização não é uma opção das Empresas Familiares, mas uma exigência do mercado. A cada dia as diversas transformações nas várias áreas do conhecimento acarretam inúmeras mudanças no comportamento do consumidor. Mudanças efetuadas tardiamente poderão não ser suficientes para permanecerem no mercado.

A grande diferença do profissionalismo para a gestão amadora é que a vitória é sempre a meta do profissionalismo com o menor esforço possível, utilizando o mínimo de recursos existentes, ao passo que o amador, quando a atinge, o faz de forma contrária.

As principais vantagens do profissionalismo:

• Decisões mais acertadas:
  ▫ Pelo conjunto de experiência profissional e capacitação técnica.
• A empresa como um todo aprende pela troca de experiência profissional:
  ▫ Nas reuniões ou mesmo nas solicitações realizadas pelos profissionais são difundidas as experiências e técnicas.
• Pela credibilidade transmitida aos membros da cadeia de valor e ao mercado como um todo.
• Decisões antecipadas aos fatos obtendo ganho competitivo:
  ▫ A capacidade de ler e projetar cenário;
  ▫ Capacidade de inovação.
• Preparar a empresa e o sucessor para a sucessão:
  ▫ A profissionalização e em especial o profissional CEO será o *coach* (treinador) e o mentor (orientador profissional).

## Case Final

Uma empresa com mais de 45 anos de mercado, referência no mercado regional em seu segmento, vem sendo presidida pela segunda geração da família e está preparando a terceira geração para assumir a presidência e assim passar a ser a detentora do poder e das tomadas de decisão. Essa transição estava proporcionando ainda mais união e bem-estar familiar, pois a segunda geração passaria a cuidar da família, assim como teria feito seu pai. E a terceira geração (seu filho) passaria a cuidar da empresa. Porém, durante o processo que se estendia havia mais de 1 ano, com levantamento de muitos documentos, relatórios, processos e procedimentos, começou a ser detectada diferença nos números e falhas em documentos importantes, o que gerou um verdadeiro alvoroço tanto na empresa quanto na família, que começava a exigir solução antes que o único herdeiro do império assumisse a administração. Iniciou-se assim a caça às bruxas, uma verdadeira operação pente fino em todos os departamentos e documentos, na busca dos possíveis desfalques e fraudes. Com o andamento dos procedimentos de auditoria, foram detectadas as devidas fraudes e os devidos valores desviados da empresa para contas externas. Porém, o que ninguém esperava, muito menos o presidente, era que responsável pelos roubos efetuados na empresa era seu próprio filho. Sim, o sucessor e único herdeiro estava roubando sua própria empresa, sua própria herança. Quando o herdeiro tomou conhecimento de que seria desmascarado, correu para seu pai (o presidente) e de forma enfática tentou incriminar funcionários pelos seus atos fraudulentos. O presidente da empresa (seu pai), diante dos fatos e do exposto, poderia ter tomado as seguintes decisões:

a. Acreditar no sucessor e herdeiro e punir os funcionários apresentados como responsáveis;

b. Acreditar no sucessor, mas não punir os funcionários por saber que não são os responsáveis;

c. Acreditar nas provas, demitir o sucessor, tirá-lo da linha de sucessão e retirá-lo do testamento;

d. Acreditar nas provas, simplesmente demitir o sucessor e retirá-lo da linha de sucessão;

e. Acreditar nas provas, demitir o sucessor, tirá-lo da linha de sucessão e financiar um novo negócio para ele, em outro segmento e longe de sua empresa.

Bem, nesse caso especificamente, o presidente e pai acreditou nas provas, demitiu o sucessor, além de retirá-lo da linha de sucessão e do testamento da herança.

Porém, indicamos como solução mais viável a letra "e": que se acredite nas provas, pois são contundentes, e demita o sucessor. Pois, caso não o faça, todo e qualquer investimento na cultura da empresa, normas e procedimentos serão em vão, e passará a haver a partir de então vários funcionários trabalhando contra a empresa ou mesmo deixando de se esforçar por não mais acreditar. Lembrando que, já que estamos falando de uma Empresa Familiar, não podemos deixar de destacar a necessidade de se buscar manter uma sinergia entre empresa e família. Ambos devem obter lucros com a relação e não prejuízo. Assim sendo, sugerimos o investimento financeiro em um novo negócio em separado dos negócios da família para que o herdeiro possa investir seu tempo e habilidades e, dessa forma, manter a possibilidade de um futuro promissor a todos os envolvidos.

# PESQUISA DE PERCEPÇÃO

A pesquisa realizada objetiva corroborar os *cases* analisados durante as consultorias efetuadas. A metodologia empregada foi o questionário de múltipla escolha e a amostra foi selecionada por meio do critério não probabilístico denominado amostra por conveniência ou acessibilidade (o pesquisador seleciona membros da população mais acessíveis). A amostra resultou em 100 (cem) alunos da pós-graduação com o seguinte perfil:

- 3% Gerentes de empresa de grande porte
- 5% Gerentes de empresa de médio porte
- 10% Gerentes de emresa de pequeno porte
- 48% Supervisores/Coordenadores/Encarregados de setor (cargo imediatamente abaixo de gerência)
- 10% Outros cargos
- 24% Estudantes
- 100% Total

A percepção da importância do Princípio da Continuidade da Empresa expressa em questionários:

## REPRESENTAÇÃO GRÁFICA DAS RESPOSTAS OBTIDAS

1. A continuidade do negócio da Empresa Familiar é percebida pelo mercado como?

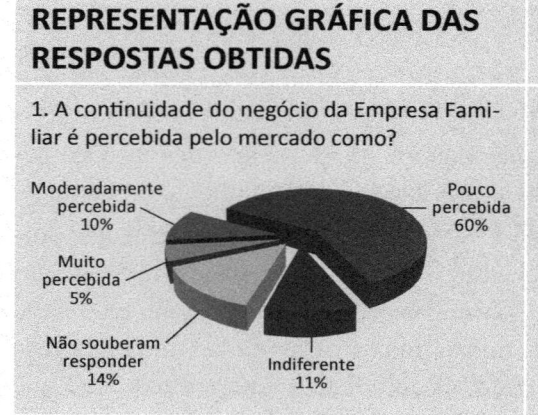

## ANÁLISE QUALITATIVA

O percentual de 60% foi respondido por 89% dos gerentes das empresas de grande, médio e pequeno portes, além de 65% de supervisores/coordenadores/ encarregados de setor, 76% de outros cargos e 25% de estudantes

2. As ações dos funcionários em relação a continuidade do negócio da Empresa Familiar é percebida pelo mercado como?

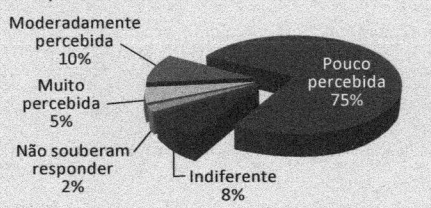

O percentual de 75% foi respondido por 95% dos gerentes das empresas de grande, médio e pequeno portes, além de 83% de supervisores/ coordenadores/ encarregados de setor, 76% de outros cargos e 45% de estudantes

3. Até que ponto a sucessão da Empresa Familiar é percebida pelo mercado?

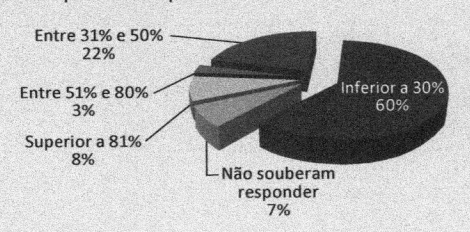

O percentual de 60% foi respondido por 86% dos gerentes das empresas de grande, médio e pequeno portes, além de 74% de supervisores/ coordenadores/ encarregados de setor, 72% de outros cargos e 13% de estudantes

4. Até que ponto você percebe que a Empresa Familiar está acima dos interesses pessoais?

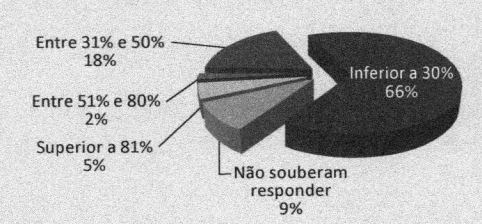

O percentual de 66% foi respondido por 92% dos gerentes das empresas de grande, médio e pequeno portes, além de 84% de supervisores/ coordenadores/ encarregados de setor, 65% de outros cargos e 11% de estudantes

5. Até que ponto os valores (a missão) da Empresa Familiar é percebida pelo mercado?

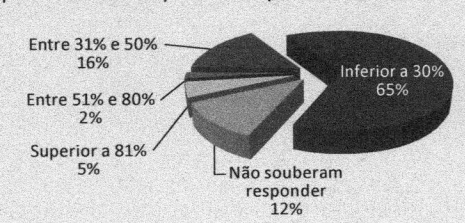

O percentual de 66% foi respondido por 92% dos gerentes das empresas de grande, médio e pequeno portes, além de 87% de supervisores/ coordenadores/ encarregados de setor, 65% de outros cargos e 5% de estudantes

Conclui-se, portanto, que a percepção apresentada pela pesquisa corrobora os *cases* expostos no transcorrer do livro e o posicionamento teórico desenvolvido neste estudo. É mister ressaltar que os resultados percentuais mais expressivos por toda a amostra refletem a fragilidade da Empresa Familiar na adoção do princípio da continuidade da empresa.

 ## ASPECTOS POLÊMICOS (*Latim = Controversum Volticulos*)

Este capítulo foi um dos mais difíceis de ser escrito, pois não existem regras formais para a determinação de perenidade da Empresa Familiar, mas existe o mínimo de diretrizes que a podem nortear. A decisão de perenidade implica no dilema entre as opções da sucessão pelo membro da família e a profissionalização, esta última, quer seja integral, quer seja parcial.

Outro aspecto ressaltado foi o da convivência da família no ambiente da Empresa Familiar, enquanto funcionários. A única regra subjetiva é o RESPEITO em seu *lato sensu*.

A blindagem é a preservação da integridade: do ente da família, dos valores da Empresa Familiar e o respeito da cadeia de valor.

 ## QUESTIONAMENTOS

1. A continuidade *NO NEGÓCIO* pelo fundador deve ser implantada em que momento?
2. A profissionalização elimina a possibilidade de sucessão na Empresa Familiar? Porquê?
3. A blindagem do membro da família elimina qualquer responsabilidade pelos atos e/ou fatos que não estejam em conformidade com os procedimentos?

 ## LITERATURA COMPLEMENTAR

1. Tachizawa T. Gestão de negócios: visões e dimensões empresariais da organização. São Paulo: Atlas; 2006.
2. Steinberg H. Governança Corporativa. São Paulo: Editora Gente; 2008.

# Bibliografia
# Consultada

1. Bateman TS, Snell SA. Administração: Novo Cenário Competitivo. São Paulo: Atlas; 2010.

2. Christensen RD apud Oliveira DPR. Empresa Familiar. 3ª ed. São Paulo: Atlas; 2010.

3. Claret M. A Arte da Guerra. São Paulo: Editora Martin Claret; 2002.

4. CLT, Consolidação das Leis do Trabalho: contexto. Disponível em: <http://www.jlcontabilidade-rj.com.br/trab5.htm>. Acessado em: 11 jun. 2013.

5. Colin L, Colin L. Família S.A: Como Gerenciar seus Parentes na Empresa. Rio de Janeiro: Elsevier; 2009.

6. Costa DA. Sucessão e Sucesso na Empresa Familiar. Paraná: Juruá; 2006.

7. Diniz A (Coord.). Reforma econômica para o Brasil. São Paulo: Nobel; 2003.

8. Donnelley RG. A empresa familiar tem suas vantagens e desvantagens, o importante é identificá-las e compreendê-las. vol. 2. Boston: Biblioteca Harvard de Administração de empresas; 1976.

9.  Floriani D. Aprender a conhecer: saber é desejar aprender o que não se sabe = Learn to know: know is to desire the learning of what is not known. Revista diálogo educacional (Curitiba). 2002.

10. Gersick KE, Davis JA, Hampton MM, et al. Generation to Generation: Life cycles of the family business. Harvard: Harvard Business Scholl Press; 1997.

11. Leach P. La Empresa Familiar: 1ª Reimp. Buenos Aires: Granica; 2010.

12. IBGE. Ciclo de vida da Empresa Familiar. Disponível em:  Acessado em: 06 mai. 2012.

13. IBRACON, Instituto Brasileiro de Contadores; CFC, Conselho Federal de Contabilidade; IASC, International Accounting Standards Committee (Comissão de Normas Internacionais de Contabilidade). Princípios Contábeis. 2ª ed. São Paulo: Atlas; 1992.

14. Irigaray HA, Vianna A, Nasser JE, et al. Gestão de desenvolvimento de produtos e marcas. 2ª ed. Rio de Janeiro: Ed. FGV; 2006.

15. Jornal do Comércio RS - 05/09/2012.

16. Kaufman J. Manual do CEO. São Paulo: Saraiva; 2012.

17. Leone NMCPG. Empresa Familiar: Desvendando Competências, Racionalidades e Afetos. São Paulo: Atlas; 2010.

18. Mamede G. Empresas Familiares: Administração, sucessão e prevenção de conflitos entre sócios. São Paulo: Atlas; 2012.

19. Maximiniano ACA. Introdução à Administração. São Paulo: Atlas; 2009.

20. Moreira ALJ. Bastidores da Empresa Familiar. São Paulo: Atlas; 2011.

21. Moura. Disponível em: <http://www.moura.com.br/pt/governanca-corporativa>. Acessado em: 25 jun. 2013.

22. Oliveira DPR. Empresa Familiar. 3ª ed. São Paulo: Atlas; 2010.

23. _____, Estratégia empresarial & vantagem competitiva. 7ª ed. São Paulo: Atlas; 2010.

24. Paraná. Disponível em: <http://leidefalencia.com.br/destaques/parana-online-tendencia-e-de-queda-no-numero-de-falencias-no-parana/>. Acessado em: 27 jul. 2012.

25. Poter M. Vantagem Competitiva. 12ª ed. Rio de Janeiro: Campos; 1989.

26. Prates MAS. O estilo brasileiro de administrar. São Paulo: Atlas; 1996.

27. PW – PricewaterhouseCoopers. Empresa familiar: Um negócio que se adapta ao século 21. Disponível em: <http://www.pwc.com.br/pt_BR/br/10minutes/assets/10--min-empresas-familiares-13.pdf>. Acessado em: 25 jun. 2013.

28. Ricca D. Empresas familiares: contexto Disponível em <http://www.empresafami-liar.com.br/artigos/Empresas%20Familiares%20–%20Contexto.html>.    Acessado em: 27 jul. 2007.

29. Sebrae. As características de negócios Familiares. Disponível em: <http://www.sebrae.com.br/sites/PortalSebrae/artigos/Conhe%C3%A7a-as-caracter%C3%Adsticas-de--neg%C3%B3cios-familiares>. Acessado em: 20 mai. 2012.

30. Sull DN. De volta ao sucesso: por que boas empresas falham e como grandes líderes as reconstroem. Rio de Janeiro: Campus; 2003.

31. Wall Street Journal. Managing your career. Oct. 15, 1996.